IL CIELO
II

E le dodici porte erano dodici perle;
ciascuna delle porte era fatta di una sola perla;
e la piazza della città era di oro puro,
come di cristallo trasparente.
(Apocalisse 21:21).

IL CIELO
II

Ripieno della Gloria di Dio

DOTT. JAEROCK LEE

URIM
BOOKS

IL CIELO II : Riempito della Gloria di Dio

di Dott. Jaerock Lee
Pubblicato da Urim Books
235-3, Guro-dong 3, Guro-gu, Seoul, Korea

Tutte le citazioni delle Sacre Scritture—se non ove citato—sono menzionate dalla Nuova Diodati.

Precedenti pubblicazioni in Coreano Urim Books, Seoul, Korea.
Copyright © 2002, ISBN: 89-7557-035-5, ISBN: 89-7557-033-9(set)
Traduzione a cura di Dott. Ester K. Chung Usato con permesso.

Prima edizione: Aprile 2010

Editing a cura di Dott. Geumsun Vin
Traduzione in Italiano e Revisione a cura di Elisabatta Alicino Maugeri
Pubblicato in Seoul, Korea da Urim Books (Rappresentato da Seongnam Vin)
For more information contact at urimbook@hotmail.com

 Prefazione

Prego che ognuno di voi diventi un vero figlio di Dio e condivida con Lui amore, gioia e felicità eterni nella Nuova Gerusalemme, lì dove l'amore del Signore abbonda.

Ogni ringraziamento e gloria siano date a Dio il Padre, che mi ha chiaramente rivelato la vita celeste e mi ha benedetto permettendomi di pubblicare *Cielo I: Luminoso e Meraviglioso come il Cristallo* ed ora *Cielo II: Riempito della Gloria di Dio.*

Per molto tempo ho desiderato conoscere di più sul regno dei cieli e per sette anni ho pregato e digiunato, finché il Signore mi ha finalmente risposto, rivelandomi molti segreti del regno spirituale nei minimi particolari.

Nel mio primo libro della serie Cielo, *"Cielo I"*, ho brevemente introdotto il concetto di dimora celeste, suddividendo il regno dei cieli in diversi livelli: Paradiso, Primo Regno, Secondo Regno, Terzo Regno, e la Nuova Gerusalemme.

In questo secondo volume esplorerò in dettaglio il luogo più bello e glorioso dei cieli: la Nuova Gerusalemme.

L'Iddio d'amore permise a Giovanni l'apostolo di vedere e registrare nella Bibbia la visione della Nuova Gerusalemme, ma oggi, a ridosso del secondo avvento del Signore, lo Spirito Santo è riversato su un numero sempre maggiore di persone, così che i segreti profondi del cielo, oggi sono stati e saranno rivelati a molti. Questo perché i non credenti vengano a conoscenza della vita oltre la morte, del cielo e dell'inferno, e che così confessino la loro fede in Cristo divulgando a loro volta il vangelo nel mondo.

Ecco perché l'apostolo Paolo, incaricato di diffondere il vangelo tra i gentili, ammoniva suo figlio spirituale, Timoteo, dicendo: "Ma tu sii vigilante in ogni cosa, sopporta le sofferenze, fa' l'opera di evangelista e adempi interamente il tuo ministero." (2 Timoteo 4:5).

Il Signore mi ha rivelato chiaramente il cielo e l'inferno così che io possa divulgare le cose che devono avvenire ai quattro canti della terra, perché Egli desidera che tutti siano salvati e che più persone possibili dimorino eternamente nella Nuova Gerusalemme. Altresì desidera che neanche un'anima muoia e cada nell'inferno.

Perciò, che nessuno giudichi o condanni questi messaggi

donati da Dio stesso e riferiti attraverso la rivelazione dello Spirito Santo.

In questo libro scoprirete concetti sconosciuti riguardo il regno dei cieli, dei veri segreti, come l'apparizione di Dio prima dell'inizio del tempo ed altri elementi sconosciuti sulla divinità. Io credo che i dettagli, i racconti ed i segreti svelati in questo libro servano a quanti cercano il Signore con tutto il cuore seriamente, dando loro gioia e felicità infinite al pensiero della vita eterna.

La Nuova Gerusalemme, costruita attraverso l'amore infinito di Dio ed il suo incommensurabile potere, è ripiena della gloria divina, è il vertice del reame spirituale, da qui l'Eterno ha preso la forma della Trinità per portare a compimento la coltivazione umana, qui si trova il Trono di Dio. Riuscite ad immaginare la magnificenza, la bellezza e lo splendore di questo luogo? Forse no, perché la sapienza umana non può afferrare tale santità!

Questo ci rende più facile comprendere che la Nuova Gerusalemme non è accessibile a tutti i quelli che hanno ricevuto la salvezza, ma è donata come premio a quei figli di Dio il cui cuore è puro e trasparente come il cristallo.

Desidero ringraziare sentitamente Geumsun Vin, il Direttore dell'ufficio Editoriale e delle Traduzioni per aver reso possibile la pubblicazione di questo volume.

Benedico nel nome del Signore tutti coloro che leggeranno questo libro, che diventino veri figli di Dio e condividano il suo amore eterno e la gioia infinita della Nuova Gerusalemme che è ripiena della gloria di Dio.

Jaerock Lee

# Introduzione

Ho scritto questo libro con la speranza che siate grandemente benedetti nello scoprire dettagli prima sconosciuti sulla Nuova Gerusalemme e che possiate dimorare in eterno più vicino possibile al trono di Dio nei cieli.

Rendo ogni grazia e gloria a Dio che ci ha benedetti permettendoci di pubblicare *Cielo I: Luminoso e Meraviglioso come il Cristallo,* ed ora il seguito, questo secondo volume, *Cielo II: Ripieno della Gloria di Dio.*

Questo libro contiene nove capitoli, in ognuno troverete una descrizione chiara del luogo più santo e più meraviglioso dei cieli, la Nuova Gerusalemme, sulla sua vastità, sul suo splendore e sulla vita che si svolge al suo interno.

Capitolo 1, "La Nuova Gerusalemme: riempita con la Gloria di Dio"

Una veduta globale della Città, partendo dal trono di Dio, il vertice del reame spirituale da cui Dio ha preso la forma di Trinità.

Capitolo 2, "I nomi delle dodici tribù e dei dodici apostoli"

L'esterno della Città Santa, circondato da dodici enormi mura e da dodici portoni suddivisi nei quattro lati, ognuno porta il nome di una delle dodici tribù d'Israele. La Nuova Gerusalemme è stata edificata su dodici fondamenta, ciascuna porta il nome di uno dei dodici discepoli. In questo capitolo troverete spiegato il perché di questi nomi ed il loro significato.

Capitolo 3, "L'estensione della Nuova Gerusalemme"

Scoprirete quali siano le dimensioni della Città Santa, perché Dio misura l'ampiezza della città con una canna d'oro e per quale ragione è necessario possedere tutte le qualifiche spirituali per entrare nella città. Inoltre, parlerò dei motivi che determinano la larghezza, la profondità e l'altezza della Nuova Gerusalemme, rispettivamente di 6000 Li, nella misura tradizionale coreana.

Capitolo 4, "Edificata in oro puro e con gioielli preziosi di tutti i colori"

In questo capitolo esplorerò in dettaglio i materiali con cui la città è stata edificata, visto che è interamente decorata con oro puro e pietre preziose (decorazioni che vedremo da vicino analizzandone la bellezza, il colore, lo splendore e la luminosità).

Inoltre, nello spiegare perché l'intera città è ornata di diaspro e oro così puro da sembrare cristallo, discuteremo anche dell'importanza della fede spirituale.

Capitolo 5, "Il significato delle dodici fondamenta"

In questa sezione conoscerete da vicino le mura della Nuova Gerusalemme, edificate su dodici fondamenta, attraverso la bellezza ed il significato spirituale del diaspro, dello zaffiro, del calcedonio, dello smeraldo, del sardonio, del sardio, della crisolite, del berillio, del topazio, del crisofaro, del giacinto e dell'ametista. Nell'assemblare i significati di ogni pietra, scopriremo il cuore di Cristo e il cuore del Padre. Riceverete incoraggiamento per farsì che anche il vostro cuore somigli a quello del Signore e possiate così dimorare per sempre nella Nuova Gerusalemme.

Capitolo 6, "Le dodici porte di perla e le strade d'oro puro"

Troverete spiegazioni riguardo il significato spirituale delle perle e dell'oro e perché si trovano proprio sui cancelli e sulla strada che porta alla Nuova Gerusalemme. Anticipando quanto contenuto in questa sezione, vi dico che, come una conchiglia produce la sua perla sopportando grande dolore, così anche voi sarete rinfrancati nella vostra corsa verso i dodici cancelli di perla della Nuova Gerusalemme, nel vivere le vostre difficoltà e i vostri dolori, affrontandoli con fede e speranza.

Capitolo 7, "Lo spettacolo incantevole"

Faremo un viaggio all'interno delle mura della Nuova Gerusalemme, che è sempre splendente. Imparerete il vero significato spirituale della frase "Dio e l'Agnello sono nel suo tempio", l'enormità della bellezza del castello dove il Signore risiede e la gloria di quelli che entrano nella Città Santa per vivere tutta l'eternità con Lui.

Capitolo 8, "E vidi la santa città, la nuova Gerusalemme"

A questo punto ci introdurremo in una casa della Nuova Gerusalemme, quella di un servo di Dio, tra i tanti, che ha condotto una vita santificata sulla terra e che riceverà grandi premi e ricompense nel celo. Potrete dare uno sguardo ai giorni felici che aspettano coloro che vivranno nella Città Santa, alle case immense e splendide, ai vari luoghi meravigliosi e alla vita che generalmente si conduce in questo luogo.

Capitolo 9, "Il primo banchetto della Nuova Gerusalemme"

Questo è l'ultimo, il capitolo finale, il primo banchetto che si terrà nella Città Santa dopo il giudizio davanti al trono bianco. Attraverso la conoscenza di alcuni padri della fede che dimorano accanto al trono di Dio, *Cielo II* conclude con una benedizione elargita su ogni lettore e lettrice, che abbia un cuore puro e limpido come il cristallo così che possa dimorare vicino al trono di Dio nella Nuova Gerusalemme.

Più apprendete elementi sul cielo, più meraviglioso diventa. La Nuova Gerusalemme, luogo considerato il "nucleo" dei Cieli, è anche la sede del trono di Dio. Se conosci la bellezza e la gloria della Nuova Gerusalemme, di certo farai tutto ciò che ti è possibile per dimorarvi, cercando di vivere con tutta la tua mente una vita secondo il cuore di Cristo.

Il tempo del ritorno di Gesù è molto vicino, Egli è andato a preparare delle dimore celesti per noi, ed ha quasi finito! Spero che questo libro, *Cielo II, Ripieno della Gloria di Dio*, partecipi alla vostra preparazione per la vita eterna.

Prego nel nome del nostro Signore Gesù Cristo che dimoriate vicino al trono di Dio, santificandovi con speranza vivente, per risiedere nella Nuova Gerusalemme, conducendo la vostra esistenza sulla terra fedeli in ogni cosa che il Signore vi comanda.

Geumsun Vin
Direttore Ufficio Editoriale

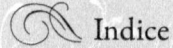 Indice

Capitolo 1

La Nuova Gerusalemme: riempita con la Gloria di Dio

E mi trasportò in spirito su di un grande ed alto monte, e mi mostrò la grande città, la santa Gerusalemme che scendeva dal cielo da presso Dio, avendo la gloria di Dio. E il suo splendore era simile a quello di una pietra preziosissima, come una pietra di diaspro cristallino.
- Apocalisse 21:10 - 11

I Cieli appartengono al reame spirituale, un mondo quadri-dimensionale, governato dall'Iddio d'amore e di giustizia in persona, e, sebbene non sia visibile ad occhi nudi, questo posto certamente esiste. Essendo il cielo il miglior dono che Dio ha preparato per i suoi figli che hanno ricevuto la salvezza, di certo sarà un luogo ripieno di felicità, gioia, gratitudine e gloria.

Esistono diversi luoghi di dimora nei cieli

C'è la Nuova Gerusalemme dove risiede il trono di Dio, e c'è anche il Paradiso dove vivranno per sempre le anime che hanno giust'appena ricevuto la salvezza.

1

Proprio come sulla terra c'è una bella differenza tra vivere in una capanna o in una residenza principesca, così è diversa la gloria fra i vari luoghi dei cieli, tra il paradiso e la Nuova Gerusalemme.

Ciononostante, molto spesso i credenti considerano "il cielo" e la "Nuova Gerusalemme" lo stesso luogo, altri non sanno nemmeno che esiste la Città Santa. Che tristezza! E' pietoso! Certo, non è così semplice possedere il cielo anche se lo si comprende, quanto più difficile sarà avanzare fino alla Nuova Gerusalemme se non se ne conosce neanche l'esistenza?

Per questo, il Signore ha rivelato la Nuova Gerusalemme all'apostolo Giovanni permettendogli di scrivere nei minimi particolari quanto aveva visto, nella Bibbia. Giovanni rimase profondamente toccato solo guardando la città dall'esterno, ed infatti, Apocalisse 21 spiega a fondo molte cose a proposito della Città Santa.

Apocalisse 21:10-11, *"Egli mi trasportò in spirito su una grande e alta montagna, e mi mostrò la santa città, Gerusalemme, che scendeva dal cielo da presso Dio, con la gloria di Dio. Il suo splendore era simile a quello di una pietra preziosissima, come una pietra di diaspro cristallino."*

Ma perché, la Nuova Gerusalemme è ripiena della gloria di Dio?

Nella Nuova Gerusalemme risiede il trono di Dio

Nella Città Santa c'è il trono di Dio, pertanto, immaginate la gloria di cui è ricolma, considerato che Egli in persona vi dimora.

Ecco perché così spesso leggiamo nella Bibbia di folle immense che danno gloria, ringraziamento ed onore a Dio giorno e notte, come in Apocalisse 4:8: *"E le quattro creature viventi avevano ognuna sei ali, ed erano coperte di occhi tutt'intorno e di dentro, e non cessavano mai di ripetere giorno e notte: «Santo, santo, santo è il Signore, il Dio onnipotente, che era, che è, e che viene»."*

La Nuova Gerusalemme è anche chiamata la Città Santa perché è stata edificata dalla Parola di Dio, la quale è verace, senza macchia, essa è la luce, senza ombra alcuna.

Quando Gesù è venuto in carne sulla terra per aprire la via della salvezza al genere umano, predicando il vangelo e compiendo la Legge con amore, lo ha fatto nella Gerusalemme terrestre. Ecco perché l'Eterno ha fondato e costruito una Nuova Gerusalemme per tutti i credenti che rispettano la legge di Dio, dove essi potranno dimorare per sempre.

Il trono di Dio è al centro della Nuova Gerusalemme

Esattamente, dove si trova il trono di Dio all'interno della Nuova Gerusalemme? Troviamo la risposta a questa domanda nella rivelazione di Apocalisse 22:3-4:

"Non ci sarà più nulla di maledetto. Nella città vi sarà il trono di Dio e dell'Agnello; i suoi servi lo serviranno, vedranno la sua faccia e porteranno il suo nome scritto sulla fronte."

Il trono di Dio è situato nel centro della Nuova Gerusalemme, e solo quelli che danno ascolto alla parola di Dio come servitori ubbidienti possono entrare nella Città Santa e vedere il Suo viso. Come dice Ebrei 12:14: *"Procacciate la pace con tutti e la santificazione, senza la quale nessuno vedrà il Signore"*, ed in Matteo 5:8: *"Beati i puri di cuore, perché essi vedranno Dio"*.

Pertanto, è abbastanza chiaro che non tutti potranno entrare nella Nuova Gerusalemme, il luogo che ospita il trono di Dio, esattamente come non si può entrare nelle stanze di un qualsiasi re di questa terra e parlargli tranquillamente faccia a faccia.

Che sembianze ha il trono di Dio? Forse la maggior parte di voi penserà che abbia la forma di una grande sedia, ma non è così. In senso lato in effetti è dove Dio si siede, ma nel suo significato esteso, il termine "trono di Dio", si riferisce al luogo di dimora di Dio, che è circondato dai troni dei 24 anziani e da arcobaleni.

Gli arcobaleni ed i troni dei 24 anziani

La bellezza, la magnificenza e l'immensità del trono di Dio sono descritte in Apocalisse 4:3-6:

"E colui che sedeva era nell'aspetto simile a una pietra di diaspro e di sardio; e intorno al trono c'era un arcobaleno che rassomigliava a uno smeraldo. E intorno al trono c'erano ventiquattro troni, e sui troni vidi seduti ventiquattro anziani vestiti di bianche vesti; e sul loro capo avevano delle corone d'oro. E dal trono procedevano lampi tuoni e voci; e davanti al trono c'erano

sette lampade ardenti, che sono i sette Spiriti di Dio. E davanti al trono c'era come un mare di vetro simile a cristallo, ed in mezzo al trono e attorno al trono c'erano quattro esseri viventi, pieni di occhi davanti e di dietro."

Molti angeli e tutto l'esercito celeste servono l'Eterno, non solo, ci sono anche altre creature spirituali, come i cherubini, che tengono gli occhi fissi su di Lui sempre, il mare di vetro si estende proprio sotto il suo trono, e lo scenario è incredibilmente meraviglioso perché il trono è circondato dalle luci infinite che si riflettono proprio su questo oceano di cristallo.

Il trono di Dio è così straordinario, magnificente ed immenso che sorpassa ogni possibile immaginazione umana.

Un trono temporaneo per le cerimonie

Il trono di Dio della Nuova Gerusalemme è il luogo dove il Signore incontra e parla con i suoi figli, dove ospita i banchetti e dal quale regna sui cieli, proprio come i presidenti delle nazioni sulla terra, che hanno anche un ufficio ed altri luoghi deputati ad incontri particolari e ai ricevimenti.

Nei giorni antichi, quando un re si allontanava dal palazzo per visitare il suo regno ed il suo popolo, lo staff di corte ricostruiva in ogni città visitata un luogo, un'ambientazione, che fosse quanto più possibile somigliante all'ufficio reale presso la sede ufficiale. Alla stessa maniera, il trono di Dio nella Nuova Gerusalemme non è il trono dove generalmente Dio risiede, è infatti quello in cui sta per brevi periodi. Nel capitolo 9 parlerò

5

dei banchetti che si tengono nella Nuova Gerusalemme e del trono di Dio, dell'apparizione dell'Eterno al primo banchetto che si terrà nella Città Santa, degli angeli, dell'esercito celeste e dei profeti che si alzeranno per adorarLo. Leggerete anche di Dio che siede sul suo trono con, alla sua destra, il trono del Signore e alla sua sinistra, il trono dello Spirito Santo.

Il trono temporaneo

Atti degli Apostoli 7:55-56 racconta della visione di Stefano, che vide il trono dell'Agnello alla destra del trono di Dio:

> *"Ma egli [Stefano], ripieno di Spirito Santo, fissati gli occhi al cielo, vide la gloria di Dio e Gesù che stava alla destra di Dio e disse: «Ecco, io vedo i cieli aperti e il Figlio dell'uomo che sta alla destra di Dio»."*

Stefano fu martirizzato tramite lapidazione mentre predicava coraggiosamente Gesù Cristo, e pochi istanti prima di morire, i suoi occhi spirituali furono aperti e vide il Signore in piedi, alla destra del trono di Dio. Il Signore non poteva rimanere seduto mentre Stefano era colpito dalle pietre dagli stessi giudei che avevano ascoltato il suo messaggio, così si alzò dal trono e pianse nel vedere Stefano lapidato a morte, e Stefano, nel guardare questa scena con i suoi occhi spirituali, vide anche il trono dove sia Dio che il Signore siedono. A questo punto dovete però comprendere che il trono visto da Stefano è differente da quello scorto dall'apostolo Giovanni nella Nuova Gerusalemme.

Il trono della visione di Stefano è il luogo dove Dio sarà seduto fino al giorno del giudizio, quello visto da Giovanni è il trono dove Dio dimorerà dopo il giorno del giudizio.

Quindi, mentre Egli regna dai cieli e compie il piano di provvidenza per la coltura umana, sta in un luogo diverso dalla Nuova Gerusalemme, fino al giorno del giudizio. Il luogo visto da Stefano è quello dove dimorano i padri della fede che sono qualificati per entrare nella Nuova Gerusalemme, e qui già dimorano con Dio, portando a termine il suo regno insieme a Lui.

In pratica, esiste un "trono di Dio temporaneo" nella Nuova Gerusalemme dove Egli riceve e partecipa alle cerimonie ed un altro ancora.

Il trono del giudizio

Generalmente si pensa che il trono di Dio sia uno solo, ma come abbiamo visto, non è così, infatti, ci sono più troni temporanei di Dio, che servono a portare a compimento la sua opera. Guardiamo in Apocalisse 20:11-12:

> *"Poi vidi un gran trono bianco e colui che vi sedeva sopra, dalla cui presenza fuggirono il cielo e la terra, e non fu più trovato posto per loro. E vidi i morti, grandi e piccoli, che stavano ritti davanti a Dio, e i libri furono aperti; e fu aperto un altro libro, che è il libro della vita; e i morti furono giudicati in base alle cose scritte nei libri secondo le loro opere."*

Quando arriverà il momento giusto, Dio giudicherà tutti secondo ciò che è scritto nei libri, seduto su un "gran trono bianco". I suoi figli, salvati per fede, riceveranno il loro luogo di dimora ed i premi celesti, quelli che non hanno accettato la salvezza, cadranno nel lago di fuoco o in quello di zolfo ardente, o in inferno, secondo il male che hanno fatto durante la loro vita su questa terra.

Ma dove si troverà Dio durante il giudizio? Sarà nella Nuova Gerusalemme? No. Fuori dalla Nuova Gerusalemme sarà allestito un altro trono temporaneo. Questo argomento in dettaglio è affrontato nel mio altro libro "Appunti sull'Apocalisse".

Il trono di Dio si trova al centro della Nuova Gerusalemme e non è quello in cui sta temporaneamente, in effetti diversi "troni temporanei" sono apparecchiati secondo la necessità.

Ai vertici del reame spirituale

Ma in quale luogo si trova il trono di Dio dove Egli risiede permanentemente? Nel principio, Dio esisteva, era solo nell'universo, era la luce ripiena di suono. Quando il tempo giusto arrivò, Egli prese la forma di Trinità e si preparò per la coltivazione umana.

Esaminando questo processo attentamente, siamo in grado di osservare i vari siti del vertice spirituale, dove l'Eterno ha preso la forma di Trinità e dove è il trono in cui risiede stabilmente.

Quanto segue è ciò che Dio mi ha rivelato in risposta alle mie preghiere e ai digiuni messi in atto proprio per accrescere la comprensione della Parola di Dio riguardo a queste cose.

In principio Dio esisteva da solo come luce

Almeno una volta nella vita, la maggior parte dei credenti si è domandata come fosse Dio prima della fondazione del tempo. Nella mente umana tutto ha un inizio e tutto ha una fine, pertanto è abbastanza logico che gli uomini si domandino come sia iniziato Dio.

Dio esisteva, era da solo, conteneva in sé l'intero universo prima dell'inizio dei tempi (Esodo 3:14, Giovanni 1:1, Apocalisse 22:13). L'universo non appariva come lo conosciamo noi oggi, ma era un infinito spazio unico: i due mondi, quello spirituale e quello fisico, non erano ancora stati divisi.

Dio era la luce che risplendeva sull'intero universo. Egli non sussisteva alla maniera di semplice raggio di luminosità, ma era la luce, splendente, meravigliosa, come un flusso d'acqua da cui sorgono i colori dell'arcobaleno. Forse potrebbe rendere più semplice la comprensione di questo concetto pensare all'aurora boreale che è visibile al Polo Nord. L'aurora è come un gruppo di diversi colori di luce che si espande allargandosi fino a sembrare la "tenda" del cielo, è una visione talmente stupenda che chi l'ha vista dice sia impossibile dimenticarsene.

Quanto più meravigliose devono essere le luci che procedono da Dio, che è la luce. Mi trovo impossibilitato ad esprimere la bellezza di tanto splendore in parole.

1 Giovanni 1:5: *"Or questo è il messaggio che abbiamo udito da lui, e che vi annunziamo: Dio è luce e in lui non vi è tenebra alcuna."* La ragione per cui l'apostolo dice "Dio è luce" non è puramente spirituale, certo in Lui non vi è ombra

alcuna, ma è anche rappresentativa, infatti, descrive l'aspetto di Dio, che esiste in quanto luce sin dal principio.

Questo stesso Dio, che esisteva prima dell'inizio del tempo, che era la luce dell'universo, era ripieno di voce, era la voce. Per capire più chiaramente di cosa sto parlando, pensate alla voce del vento che si avvicina, al suono del suo turbinio.

La voce di Dio, che era insieme alla luce, non viene da qualche altra sorgente ma è il suono armonioso che risuonava in Lui sin dall'origine e si espande in tutto l'universo come il rumore che accompagna il vento che soffia. La voce era chiara, dolce, delicata e risuonava armoniosamente attraverso il cosmo infinito, e, se avessimo potuto ascoltarla, sarebbe stato impossibile dimenticarsene a motivo della sua limpidezza.

Volendo rappresentare con qualcosa di terreno la voce di Dio dell'origine, questa ricorderebbe il fragore che fanno migliaia di cristalli sfiorandosi. Si dice che quando in Antartide gli iceberg si toccano diffondano un suono meraviglioso. Certo, non possiamo comparare questi suoni con la voce di cui Dio era ripieno, ma spero che attraverso questi esempi e quanto letto fin'ora riusciate quanto meno a comprendere, seppure vagamente, come sia questa voce così meravigliosa, chiara, dolce e allo stesso tempo forte.

Dio era la luce ripiena di voce, e questa voce è "la Parola" a cui fa riferimento Giovanni 1:1: *"Nel principio era la Parola e la Parola era presso Dio, e la Parola era Dio."*

Il vertice spirituale e la formazione della Trinità

Dio era da solo all'inizio, circondato da luci brillanti e dalla voce armoniosa che proveniva dal Lui, e ad un certo punto desiderò qualcuno con cui poter condividere i suoi sentimenti e le sue emozioni:

"Sarebbe bellissimo poter avere qualcuno che comprenda il mio cuore e che conosca tutto di questo universo, con cui condividere il mio amore e le mie emozioni!"

Dio progettò la coltivazione del genere umano e divise l'universo infinito, da un lato il reame spirituale e dall'altro il mondo fisico.

Dopodichè, l'Iddio che esisteva come essere unico sin dal principio, la luce ripiena di voce, al vertice del regno spirituale, dalle sue infinite luci concentrate in una luce sola, venne ad esistere in Dio la Trinità: il Padre, il Figlio e lo Spirito Santo.

Creò quindi il primo cielo dove noi genere umano avremmo dimorato, il secondo cielo dove esseri fisici e spirituali coesistono ed il terzo cielo che è il mondo spirituale.

"O regni della terra, cantate a DIO; cantate le lodi al Signore, (Sela) a colui che cavalca sopra i cieli dei cieli eterni; ecco, egli manda fuori la sua voce, una voce potente." *(Salmo 68:32-33).*

"Ecco, all'Eterno, il tuo DIO, appartengono cieli, i cieli dei cieli, la terra e tutto quanto essa contiene..." *(Deuteronomio 10:14).*

"Tu solo sei l'Eterno! Tu hai fatto i cieli dei cieli dei cieli e tutto il loro esercito, la terra e tutto ciò che sta su di essa, i mari e tutto ciò che è in essi. Tu conservi in vita tutte queste cose, e l'esercito dei cieli ti adora." *(Neemia 9:6).*

Il vertice del mondo spirituale

Dopo che la Trinità prese forma, Dio fece la Nuova Gerusalemme ed i regni dei cieli intorno alla città. Il vertice del reame spirituale dove Dio prese la forma di Dio la Trinità per la coltivazione del genere umano è intorno ai 2.400.000 metri d'altezza sopra la Nuova Gerusalemme, nel terzo cielo.

Non è dato a chiunque di avvicinarsi al vertice, nel punto dove Dio ha preso la forma della Trinità, è così ben protetto che nemmeno gli angeli vi possono accedere. Anche Dio il Padre non è mai tornato in questo luogo dal momento che ha preso la forma di Trinità ed è da qui uscito.

Quando la coltivazione umana sarà terminata, e sono ormai passati quasi 6000 anni, la Trinità rientrerà nel vertice in cui si è formata per essere uno di nuovo. Di tanto in tanto la Trinità si dividerà nuovamente in ricordo dell'inizio dei tempi in cui l'Iddio unico ha preso la forma di Dio Trino.

Il luogo del vertice, situato a 2 milioni e 4cento mila metri sopra la Nuova Gerusalemme è ripieno della gloria di Dio perché è qui che la luce che risplende si divise. La gloria di Dio splende sull'intero regno dei cieli, anche sulla Nuova Gerusalemme, ed è per questo che non c'è bisogno del sole o della luna come fonti di luce. Inoltre, la Città Santa è il punto in cui tutta luce di Dio com'era in origine, la sua Gloria, splende al massimo della sua lucentezza.

Dio creò i cieli ed il reame spirituale

La Trinità prima fece il regno dei cieli, poi creò angeli in numero infinito e l'esercito celeste, e tutti godevano dello splendore del Dio trino. Per molto tempo Egli ricevette lode e gloria dagli esseri che aveva creato.

In particolare, affidò l'umanità ai tre arcangeli che avevano servito Dio, la Trinità, in modo che potessero servire Dio il Padre e condividere il loro amore con lui liberamente, essendo questi dotati di libero arbitrio. Tuttavia, Lucifero, uno dei tre arcangeli, iniziò ad alterare la sua mente, abusando dell'arbitrio che gli era stato concesso. Di lì a poco l'orgoglio crebbe nel suo cuore e, di conseguenza, sfidò Dio.

Lucifero, che era al diretto servizio del Padre, ingannò i dragoni che stavano intorno al trono di Dio, i cherubini al di sotto di questi ed altri angeli, convincendoli a combattere contro l'Eterno insieme a Lui. Tutto questo fu possibile solo perché Dio lo permise, faceva tutto parte del suo piano della salvezza per l'uomo, un passo, questo, necessario a preparare la strada verso la coltivazione umana.

In seguito, gli esseri umani avrebbero sperimentato la relatività attraverso l'incontro con gli spiriti maligni per poter divenire così dei veri figli di Dio ed entrare nel regno di Dio. Tutto questo processo è spiegato molto dettagliatamente in un altro mio libro

"Il Messaggio della Croce".

In seguito, Dio scacciò via Lucifero ed i suoi seguaci dal terzo cielo, relegandoli nel secondo cielo, permettendo loro di stare ad est del Giardino dell'Eden, e, di conseguenza, è giusto affermare che il reame spirituale del male è parte del piano della salvezza divina.

Il trono originale di Dio

Dove risiede il Dio Trino? Come un re ha il suo palazzo, e spende al suo interno la maggior parte del tempo, anche la Trinità ha un luogo deputato per il riposo spirituale.

Nell'universo infinito dove Dio esisteva in origine, come luce e voce, esistono tre spazi individuali di quiete spirituale: per il Padre, per il Figlio e per lo Spirito Santo. Nella distesa del trono originario di Dio, c'e il luogo per il riposo, stanze per fare conversazione ed anche sentieri per passeggiare.

Solo coloro il cui cuore somiglia a quello di Dio e pochi angeli speciali hanno accesso a questa zona, che è così distaccata, misteriosa e protetta. Lo spazio che ospita il trono di Dio è il luogo nel quale Egli era da solo da principio, è il quarto cielo, separato dalla Nuova Gerusalemme e dal terzo cielo.

La sposa dell'Agnello

All'inizio dei tempi, la ragione per cui Dio prese forma di Trinità, assegnandosi il ruolo del Padre, del Figlio e dello Spirito Santo, è stata quella di coltivarsi veri figli che potessero condividere con Lui vero amore nella Nuova Gerusalemme. Dio dona lo Spirito Santo a tutti coloro che accettano Gesù Cristo come personale Salvatore e li guida verso la nascita per lo spirito per diventare così suoi figli, che Gli somigliano nel cuore, per premiarli poi, con la Nuova Gerusalemme.

Dio desidera che tutti gli somiglino in modo che tutti possano entrare e vivere nella Nuova Gerusalemme, tuttavia, Egli mostra misericordia verso coloro che non hanno raggiunto questo livello di santificazione durante la coltivazione umana sulla terra. Per questo ha suddiviso il regno dei cieli in diversi luoghi di dimora, paradiso, primo, secondo e terzo regno dei cieli, ricompensando ognuno dei suoi figli con ciò che hanno fatto.

Dio fa dono della Nuova Gerusalemme a coloro che si sono completamente santificati e sono stati interamente fedeli alla sua casa. Egli ha edificato la Nuova Gerusalemme in ricordo della Gerusalemme terrena, dove il vangelo è stato fondato, per essere un nuovo vaso che contenga tutto l'amore completo e tutta la legge. In Apocalisse 21:2 la visione della città ricordò all'apostolo Giovanni la vista di una giovane sposa pronta ad incontrare il suo sposo:

"E io, Giovanni, vidi la santa città, la nuova Gerusalemme, che scendeva dal cielo da presso Dio, pronta come una sposa adorna per il suo sposo."

La Nuova Gerusalemme è come una sposa che si prepara alle nozze

Matteo 25 ci presenta la parabola delle 10 vergini, 5 sagge

e 5 stolte. Solo le vergini sagge, che avevano preparato l'olio, divennero la sposa del Signore, al contrario delle altre che, non avendo preparato abbastanza olio, dormivano e non poterono incontrare lo sposo.

Dio sta allestendo dei luoghi di dimora magnifici per la sposa del Signore, per quei credenti che si stanno preparando adeguatamente a ricevere il loro sposo spirituale, il Signore Gesù Cristo, circoncidendo il proprio cuore. Tra questi magnifici luoghi di dimora eterni, il migliore e il più bello di tutti è la Nuova Gerusalemme, la Città Santa.

Per questa ragione Apocalisse 21:9 definisce la Nuova Gerusalemme come la "sposa, la moglie dell'Agnello". Riuscite ad immaginare l'estasi di vivere nella Nuova Gerusalemme, il dono migliore che il Signore ha personalmente preparato per la sua sposa?

Quando i credenti entreranno nelle rispettive dimore l'emozione prenderà il sopravvento, nel sapere che quella casa è stata preparata dall'amore di Dio, nell'accorgersi che è stata data considerazione ad ogni dettaglio, nello scoprire che Dio ha confezionato ogni singola abitazione celeste secondo i gusti di chi vi abiterà.

Una vera moglie, nel servizio e nell'affetto

Una moglie serve il marito e si prende cura del posto dove lui si riposa, e di contro, le dimore della Nuova Gerusalemme servono ed abbracciano la sposa del Signore. Questo luogo è così protetto e confortevole che tutti i suoi abitanti sono ripieni di felicità e gioia.

In questo mondo, sulla terra, sebbene una moglie serva il marito nel miglior modo possibile, la pace e la gioia perfette sono irraggiungibili. Al contrario di questo, però, vivere nella Nuova Gerusalemme donerà quella pace e quella gioia che sono impossibili da sperimentare in questo modo, perché le dimore in cui si vivrà sono state costruite per soddisfare le esigenze ed i gusti di chi vi abita, essendo il Signore stesso l'architetto e progettista, ed ecco perché sono riservate solo a quei figli di Dio il cui cuore somiglia perfettamente al suo.

Se credete veramente al cielo, sarete contenti di sapere delle case edificate con oro e gioielli, costruite dagli angeli sotto la direzione del Signore stesso, che premia ognuno secondo la propria condotta.

Quanto più, allora, sarete felici al pensiero della vita maggiormente felice e gioiosa della Nuova Gerusalemme, dove sarete serviti ed abbracciati come una moglie sa fare?

Decorazioni degli edifici secondo le opere compiute da chi vi abita

La costruzione delle dimore celesti è iniziata quando il nostro Signore è risorto ed asceso al cielo e non si è ancora fermata, sebbene le case di quanti non vivono più su questa terra sono state completate, alcune sono ancora in costruzione ed altre pressoché ultimate.

In Giovanni 14:2-3 Gesù conferma che quando tutte le dimore celesti saranno state completate Lui ritornerà sulla terra, questa volta però nell'aria:

17

"Nella casa del Padre mio ci sono molte dimore; se no, ve lo avrei detto; io vado a prepararvi un posto. E quando sarò andato e vi avrò preparato il posto, ritornerò e vi accoglierò presso di me, affinché dove sono io siate anche voi."

L'assegnazione delle dimore eterne dei salvati sarà decisa il giorno del grande giudizio del trono bianco.

Quando il "proprietario" entrerà nell'abitazione che gli è stata assegnata e riceverà i suoi premi e le sue ricompense secondo la misura della propria fede, allora la casa brillerà in tutto il suo splendore. Questo perché la dimora celeste ed il suo proprietario sono una coppia perfetta, e quando entrerà finalmente in questo luogo realizzato su misura per lui o per lei, la casa sarà completa, nello stesso modo in cui finalmente moglie e marito diventano una sola carne.

Riuscite ad immaginare la gloria di Dio di cui è permeata la Nuova Gerusalemme, visto che proprio qui si posa il suo trono? Quanto è meraviglioso che i veri figli di Dio potranno condividere il loro amore per Lui e con Lui proprio qui, nelle dimore eterne che il Signore ha fatto costruire per loro!

Splendente come Gioiello Brillante e Limpida come Cristallo

Guidato dallo Spirito Santo, l'apostolo Giovanni vide la Nuova Gerusalemme, e, nello stato di timore riverenziale in cui si trovava, potè dichiarare solo quanto segue:

> *"E mi trasportò in spirito su di un grande ed alto monte, e mi mostrò la grande città, la santa Gerusalemme che scendeva dal cielo da presso Dio, avendo la gloria di Dio. E il suo splendore era simile a quello di una pietra preziosissima, come una pietra di diaspro cristallino." (Apocalisse 21:10-11).*

Sono certo che molti di voi hanno viaggiato, visitato le città più famose del mondo ed hanno potuto vederle dall'alto di un aereo, che atterrando, pian piano vi ha mostrato ciò che stavate per andare a vedere. Ricordate la meraviglia di questo scenario nuovo aprirsi di fronte ai vostri occhi?

Più bello il panorama, maggiore la vostra ammirazione e, sono sicuro, maggiore la gratitudine dei vostri cuori verso il Signore che vi ha dato la possibilità di visitare luoghi così belli e lontani. Giovanni l'apostolo glorificò Dio nel veder apparire di fronte a sé la Nuova Gerusalemme in tutta la sua magnificenza dall'alto della montagna dove lo Spirito Santo lo aveva portato.

Nella Nuova Gerusalemme coesistono l'amore e il potere di Dio

Per descrivere la bellezza della Nuova Gerusalemme, Giovanni dice semplicemente: "la gloria di Dio", perché nel vedere la perfezione, la bellezza e la santità della Città Santa l'unica possibile espressione era glorificare Dio per il suo amore e la sua potenza. Esodo 34:28 offre un assaggio dello splendore e della luminosità emanata dalla luce della gloria, che rappresenta l'autorità di Dio. Mosè ricevette i 10 comandamenti dopo essere stato con Lui sul monte Sinai per 40 giorni. Quando scese dalla montagna il suo viso risplendeva della gloria di Dio, tanto che sia Aronne che il popolo di Israele non si avvicinarono a lui perché erano spaventati. Mosè vide la gloria dell'Eterno perché il suo cuore era simile a quello di Dio, così da vicino che Gli parlò come si parla ad un amico. Non tutti possono permettersi questo. Comunque, a motivo della sua vicinanza con la gloria di Dio, Mosè si dovette coprire il viso con un velo, perché nessuno riusciva a guardarlo direttamente in faccia, sebbene quello era solo Mosè e non la diretta gloria di Dio.

Quanto più luminosa sarà la Nuova Gerusalemme che è la sede dell'amore e della potenza di Dio, dove tutto risplende della Sua gloria? Ecco perché Giovanni dichiarò soltanto: *"... il suo splendore era simile a quello di una pietra preziosissima, come una pietra di diaspro cristallino."*

La Nuova Gerusalemme è colma della luce proveniente direttamente dal vertice in cui l'Eterno ha preso la forma della Trinità e dalla luce della gloria che origina dal trono di Dio.

La Nuova Gerusalemme risplende della gloria di Dio

Ma qual è il significato della frase di Giovanni *"... il suo splendore era simile a quello di una pietra preziosissima, come una pietra di diaspro cristallino?"*. Esistono molti gioielli, ognuno ha un nome diverso secondo il contenuto minerale ed il suo colore predominante. Perché una pietra sia considerata "preziosa", questa deve "emanare" un colore meraviglioso. Così, l'espressione *pietra preziosissima,* implica la perfezione della bellezza della pietra in questione. L'apostolo Giovanni, quindi, paragonò la luce stupenda della Nuova Gerusalemme a quella delle pietre considerate maggiormente dotate di bellezza e di valore.

Inoltre, la Nuova Gerusalemme contiene case grandiose ed immense, è decorata da gioielli celesti che brillano di una luce estatica, tanto che anche nel guardare la città da lontano, si possono vedere queste luci sfavillare e risplendere straordinariamente. Luci blu, bianche, scintillanti di altri colori sembrano abbracciare la Nuova Gerusalemme. Che vista impressionante e magnifica!

Apocalisse 21:18 ci dice che le mura della Nuova Gerusalemme sono fatte di diaspro. Diversamente dal diaspro terreno, che è opaco, il diaspro del cielo è di un colore *"blueggiante",* così meraviglioso e limpido che a guardarlo sembra di guardare attraverso l'acqua pulita. E' quasi impossibile descrivere la bellezza dei colori di questo diaspro con esempi e parole di questo mondo. L'unica descrizione lontanamente possibile è quella di una luce blu brillante che si riflette su onde di acqua trasparente, infatti, il solo modo che ho per definire il colore del diaspro celeste è un insieme di blu e bianco trasparente, tant'è vero che questa pietra preziosa rappresenta l'eleganza e la pulizia di Dio, la sua giustizia che è senza macchia, pulita ed onesta.

Esistono molti tipi di cristalli, e, in termini celesti, quando parla di cristalli ci si riferisce a qualcosa di incolore, trasparente e duro, una pietra che ha l'aspetto dell'acqua. I cristalli, quelli limpidi e trasparenti, sono da sempre utilizzati come decorazione perché, sebbene non siano molto costosi, oltre ad essere luminosi sono trasparenti e riflettono e amplificano magnificamente la luce trasformandola nei colori dell'arcobaleno. Inoltre, l'Eterno ha posto la luminosità della gloria nei cristalli celesti con il suo potere, ed in effetti non sono paragonabili ai cristalli che si trovano sulla terra. Quindi, Giovanni l'apostolo, nel paragonare la bellezza, la trasparenza e la lucentezza della Nuova Gerusalemme con quella del cristallo, tentava di esprimerne la profonda bellezza.

La Città Santa, la Nuova Gerusalemme è ripiena della meravigliosa gloria di Dio, ospita il trono di Dio ed il vertice della Trinità, riuscite dunque ad immaginare quanto magnifica e splendente sarà?

Se veramente sperate di vivere nella Nuova Gerusalemme, dovrete essere fedeli in tutto ciò che il Signore vi richiede e piacere a Dio in ogni cosa, e questo sarà possibile, se avrete un cuore limpido come il cristallo.

A motivo di ciò prego, nel nome del Signore Gesù Cristo, che il vostro cuore sia santo, che voi siate sempre fedeli alla sua casa e vi prepariate come la sposa del Signore, così che un giorno possederete la Nuova Gerusalemme.

≪ Capitolo 2 ≫

I nomi delle dodici tribù e dei dodici apostoli

Essa aveva un grande ed alto muro con dodici porte, e alle porte dodici angeli, e su di esse dei nomi scritti che sono i nomi delle dodici tribù dei figli d'Israele. A oriente vi erano tre porte, a settentrione tre porte, a mezzogiorno tre porte e ad occidente tre porte. Il muro della città aveva dodici fondamenti, e su quelli erano i dodici nomi dei dodici apostoli dell'Agnello.

- Apocalisse 21:12-14

La Nuova Gerusalemme è circondata da mura che risplendono di luci brillanti. Tutti rimarranno a bocca aperta nel vedere la grandezza, la magnificenza, la bellezza e la gloria di queste mura.

La città ha una forma quadrangolare e su ogni lato è provvista di tre cancelli: est, ovest, nord e sud, per un totale di dodici cancelli, dodici angeli onorati e maestosi li proteggono, ed ogni cancello ha impresso il nome di una tribù d'Israele.

La città è inimmaginabilmente grande.

Le mura della Città Santa sono state edificate su dodici fondamenta, stabilite su dodici colonne ognuna delle quali ha impresso il nome dei dodici discepoli. Tutto nella Nuova Gerusalemme si risolve con il numero 12, anche il numero delle luci. Questo per aiutare tutti a comprendere che la Nuova Gerusalemme è il luogo per quei figli di Dio il cui cuore somiglia interamente al suo, a Lui che è la luce.

Esaminiamo ora qual è il significato spirituale del numero 12. In Giovanni 11:9 Gesù dice: *"Non vi sono forse dodici ore del giorno? Se uno cammina di giorno, non inciampa, perché vede la luce di questo mondo."* La prima parte della frase – non vi sono forse dodici ore del giorno – fa un richiamo spirituale alla luce perfetta, la luce che non contiene ombra alcuna, si riferisce quindi, all'Iddio eterno e perfetto che non ha in sè nessuna oscurità.

Inoltre, il numero 12 è la misura del giorno, dello splendore, della luce, e rappresenta in sé perfezione e completezza. Dio considera il numero 12 di altissimo valore e lo ha continuamente adottato come segno di promessa, in quanto sottolinea la perfezione e la pienezza della luce del giorno.

Attraverso Giacobbe, Dio formò le dodici tribù di Israele che rappresentano l'intero numero dei salvati, Egli permise che il vangelo si espandesse attraverso dodici discepoli, e nella Nuova Gerusalemme ha stabilito dodici cancelli e dodici fondamenta. Ogni volta che Dio ha desiderato indicare il suo volere compiuto lo ha fatto attraverso il numero 12.

Ora vi starete di certo chiedendo per quale motivo dodici angeli proteggono i dodici cancelli della Nuova Gerusalemme e perché imprimere sulle fondamenta e sulle porte della Città Santa i nomi delle tribù e quelli dei discepoli.

Dodici angeli a guardia dei cancelli

Nei giorni antichi, i cancelli dei castelli dove vivevano il re e gli ufficiali erano sempre difesi da soldati guardiani, misura necessaria per proteggere le fortezze dai nemici e dagli intrusi. Però, dato che nessuno può introdursi di nascosto nella Nuova Gerusalemme o tanto meno invadere la città perché qui ha sede il trono di Dio, perché mettere un angelo a guardia di ogni canello? Per quale ragione?

Per esprimere ricchezza, autorità, e gloria

La Nuova Gerusalemme è immensa e grandiosa, oltre ogni nostra immaginazione. La città proibita cinese, dove gli imperatori vivevano, è grande tanto quanto una sola casa della Nuova Gerusalemme. Neanche la muraglia cinese, che è una delle sette meraviglie del mondo, può essere paragonata alla grandezza della Nuova Gerusalemme.

Il primo motivo per il quale degli angeli custodiscono i cancelli della Città Santa è per manifestare la grandiosità, l'onore, l'autorità, e la gloria della città. Se ci pensate, anche oggi gli uomini ricchi e potenti hanno guardie organizzate per proteggere le loro case, e questo non fa altro che mostrare la ricchezza e l'autorità di chi le abita.

E' quindi abbastanza logico che angeli di alto rango siano posizionati a guardia dei cancelli della Nuova Gerusalemme dove ha sede il trono di Dio. In questo modo l'autorità della Città Santa e di Dio sono immediatamente percepibili da chi arriva da fuori, basta guardare ai dodici angeli. La loro presenza, inoltre, aggiunge bellezza e gloria alla città stessa.

Per proteggere i figli che Dio riconosce suoi

Esiste anche un altro motivo. Ebrei 1:14 chiede: *"Non sono essi tutti spiriti servitori, mandati a servire per il bene di coloro che hanno da ereditare la salvezza?"*. Dio protegge i suoi figli mentre vivono sulla terra, con il suo sguardo vigile e con gli angeli che Lui manda intorno a loro per questa specifica ragione.

Inoltre, quei figli di Dio che vivono secondo la sua Parola non subiscono le calunnie di Satana, vivono al riparo dalle prove, dalle difficoltà, dai disastri naturali e da quelli causati dall'uomo, dagli incidenti e dalle malattie.

Oltre a tutto questo, ci sono angeli dal numero infinito che vivono in cielo obbedendo ai comandi di Dio, e di questi alcuni osservano, scrivono e riferiscono a Dio riguardo le azioni di ogni persona, credenti e non credenti. In questo modo, nel giorno del giudizio, Dio si ricorderà di ogni singola parola che ogni essere umano ha proferito, e premierà ognuno secondo la propria condotta.

Tutti gli angeli sono spiriti su cui Dio ha il controllo e, senza altro, anche in cielo, questi proteggeranno e provvederanno ad ogni necessità dei suoi figli. Certo, nel regno dei cieli non ci saranno incidenti o azzardi, ma salvaguardare i figli di Dio è comunque il loro compito naturale. Questa mansione non è svolta perché qualcuno li forza ma è il loro dovere originario che gli angeli svolgono di spontanea volontà, nei rispetti degli ordini e dell'armonia del reame spirituale.

Per mantenere l'ordine di pace della Nuova Gerusalemme

Ci sono anche altri motivi per cui dodici angeli proteggono le dodici porte della Città Santa.

I cieli sono un reame spirituale perfetto, senza difetti, non esistono l'odio e le dispute, nessuno dà ordini a nessuno, funziona tutto in perfetta concordia, regna l'ordine di Dio. Le ricompense e l'autorità vengono stabilite nel rispetto della giustizia divina che premia ognuno secondo le proprie azioni, infatti, nei cieli, tutto procede perfettamente in armonia.

Quando dico autorità in questo contesto non mi riferisco ad un rango di cui una persona si potrebbe lodare e divenire così orgogliosa, ma all'autorizzazione spirituale di mostrare ammirazione, fiducia ed amore gli uni gli altri come figli di Dio.

"Una casa che è divisa finirà per crollare, allo stesso modo, anche il mondo di Satana non si fa guerra al suo interno e funziona secondo determinati dettami" (Marco 3:22-26). Quanto più giusto, ordinato e in perfetta armonia allora, sarà il regno che Dio stabilirà per sé?

Per fare un esempio, anche i banchetti della Nuova Gerusalemme procedono secondo un determinato ordine.

I salvati del terzo, del secondo e del primo regno dei cieli e del paradiso entrano nella Nuova Gerusalemme solo se invitati, appunto, secondo l'ordine spirituale che regna nei cieli. Una volta arrivati, compiaceranno Dio condividendo la gioia del cielo con i residenti della Nuova Gerusalemme.

Se le anime dei salvati dei tre regni dei cieli potessero entrare e uscire a loro piacimento dalla Nuova Gerusalemme cosa succederebbe? Che, proprio come il valore di qualcosa di prezioso diminuisce in proporzione all'uso che ne viene fatto e al passaggio del tempo, se l'ordine spirituale che vige nella Nuova Gerusalemme non fosse rispettato, la sua bellezza non potrebbe essere mantenuta com'è. Quindi, è per l'ordine di pace della Nuova Gerusalemme che ogni cancello è protetto da un angelo guardiano. Certamente, i credenti che risiedono nel terzo regno dei cieli e più sotto, non entrerebbero a loro piacimento nella Nuova Gerusalemme anche se non vi fossero gli angeli a proteggerne l'entrata a motivo della differenza della gloria fra loro ed i residenti della Città Santa.

Gli angeli, quindi, si assicurano che l'ordine vigente nei cieli sia rispettato e mantenuto.

I nomi delle dodici tribù d'Israele incisi sui dodici cancelli

Mi sono chiesto, perché scolpire i nomi delle dodici tribù di Israele sui cancelli della Nuova Gerusalemme? Quando sulla terra si inaugura un progetto immobiliare, usualmente si pone una pietra simbolica, o una targa, o un iscrizione nelle vicinanze della costruzione.

Similarmente, i nomi delle dodici tribù di Israele sono lì a testimoniare che i dodici cancelli della Nuova Gerusalemme hanno avuto inizio con le dodici tribù di Israele.

La storia dei dodici cancelli

Adamo ed Eva, cacciati fuori dal giardino dell'Eden a motivo del peccato di disobbedienza circa 6000 anni fa, diedero vita a molti figli durante la loro esistenza sulla terra. Tutti, ma proprio tutti i discendenti di Adamo ed Eva, eccezion fatta per Noè e la sua famiglia, un uomo giusto fra gli uomini dei suoi tempi, furono puniti e morirono a causa dell'acqua.

Circa 4000 anni fa, poi, nacque Abrahamo, e, quando il tempo fu maturo, Dio lo stabilì come padre della fede e lo benedisse abbondantemente, promettendogli quanto segue:

" ... *io certo ti benedirò grandemente e moltiplicherò la tua discendenza come le stelle del cielo e come la sabbia che è sul lido del mare; e la tua discendenza possederà la porta dei suoi nemici. E tutte le nazioni della terra saranno benedette nella tua discendenza, perché tu hai ubbidito alla mia voce.*" *(Genesi 22:17-18).*

In seguito, l'Iddio fedele costituì Giacobbe, nipote di Abrahamo, quale padre fondatore di Israele, perché formasse una nazione dai suoi dodici figli. Poi, circa 2000 anni fa, Dio mandò Gesù, un discendente della tribù di Giuda per aprire la strada della salvezza a tutta l'umanità.

Attraverso la volontà divina, il popolo di Israele si suddivise in dodici tribù per compiere le benedizioni che Dio aveva promesso ad Abrahamo.

A sottolineare quanto tutto questo sia importante, Dio ha

edificato dodici cancelli per entrare nella Nuova Gerusalemme, scolpendo su ognuno il nome di una tribù di Israele.

Avviciniamoci ora alla storia di Giacobbe, il padre di Israele e delle dodici tribù.

Giacobbe padre di Israele e i suoi dodici figli

Nipote di Abrahamo, figlio di Isacco, Giacobbe, sottrasse astutamente la primogenitura da suo fratello maggiore Esaù e per questo dovette scappare, andando a vivere presso suo zio Labano. Giacobbe rimase nascosto per ben venti anni, durante i quali Dio lo perfezionò fino a che non fu pronto ad essere il padre di Israele.

Genesi 29 racconta in dettaglio la storia di Giacobbe, il suo matrimonio, la nascita dei suoi dodici figli, il suo amore per Rachele, la decisione di servire Labano per sette anni in modo da poterla sposare, l'inganno dello zio che gli fece sposare Lea e gli ulteriori sette anni di servizio per poter finalmente sposare Rachele grandemente più amata rispetto alla prima moglie.

Dio ebbe misericordia di Lea, che non fu amata da suo marito, schiudendole il grembo, infatti, fece nascere Ruben, Simeone, Levi e Giuda. Rachele, che era smisuratamente amata da Giacobbe, fu sterile per diversi anni e divenne gelosa di sua sorella. Decise così di donare come moglie a suo marito la sua serva, Bilhah, la quale partorì Dan e Neftali. Quando Lea non fu più in grado di partorire, diede in moglie a Giacobbe la sua serva, Zilpah, la quale diede la luce a Gad e Ascer.

In seguito, Rachele si fece dare delle mandragore raccolte

da Ruben e Lea per questo volle in cambio una notte con Giacobbe, da cui nacque un altro figlio: Issacar. Poi Lea concepì nuovamente da Giacobbe, un figlio che chiamò Zebulon, ed una figlia che chiamò Dina.

Dopo tutto questo, Dio si ricordò di Rachele la sterile rendendola fertile di nuovo, e questa volta, generò Giuseppe.

Dopo la nascita di Giuseppe Giacobbe ricevette l'ordine da Dio di attraversare il guado di Jabbok mentre si dirigeva verso la sua città natale. In quel luogo ricevette il suo nuovo nome "Israele" (Genesi 32:28), dopo di ché si riconciliò con suo fratello Esaù e visse nella terra di Canaan. Giacobbe ricevette la benedizione di essere il padre di Israele e acquisì un ultimo figlio tramite Rachele che chiamò Beniamino.

Le dodici tribù di Israele, il popolo scelto di Dio

Giuseppe, il figlio più amato di Giacobbe, fu venduto all'età di 17 anni a dei mercanti egiziani per mano dei suoi fratelli gelosi, ma, attraverso la provvidenza divina, dopo solo 13 anni, Giuseppe divenne primo ministro d'Egitto. Sapendo che Canaan avrebbe attraversato una rigida carestia, Dio fece in modo che Giuseppe si trovasse in Egitto per poi permettere a tutta la sua famiglia di spostarsi da lui e vivere bene, in modo da crescere in numero fino a diventare una nazione.

In Genesi 49:3-28 Israele benedice i suoi dodici figli prima di spirare:

"Ruben, tu sei il mio primogenito, la mia forza, la

primizia del mio vigore. (3)

Simeone e Levi sono fratelli: le loro spade sono strumenti di violenza. (5)

Giuda, i tuoi fratelli ti loderanno; (8)

Zabulon abiterà sulla costa dei mari e sarà un rifugio per le navi; (13)

Dan giudicherà il suo popolo, come una delle tribù d'Israele. (16)

Da Ascer verrà il pane saporito ed egli fornirà delizie reali. (20)

Neftali è una cerva messa in libertà; egli dice delle belle parole. (21)

Giuseppe è un ramo d'albero fruttifero; un ramo d'albero fruttifero vicino a una sorgente; (22)

Beniamino è un lupo rapace; al mattino divora la preda, e la sera spartisce le spoglie ... (27)

Queste sono le dodici tribù di Israele e questo è ciò che il loro padre disse benedicendole, riservando ad ognuna una benedizione specifica. Le benedizioni furono differenti perché ogni figlio, e quindi ogni tribù, era differente in peculiarità, personalità, azioni e natura.

Attraverso Mosè Dio diede la legge alle dodici tribù di Israele e liberò il popolo dall'Egitto verso la terra di Canaan, dove scorrono latte e miele.

In Deuteronomio 33:5-25 Mosè benedice il popolo di Israele prima di morire:

> *«Viva Ruben e non muoia; ma siano i suoi uomini ridotti a pochi». (6)*

> *«Ascolta, o Eterno, la voce di Giuda e riconducilo al suo popolo». (7)*

> *Poi di Levi disse: «I tuoi Thummim e i tuoi Urim appartengono al tuo uomo pio». (8)*

> *Di Beniamino disse: «L'amato dell'Eterno abiterà sicuro presso di lui». (12)*

> *Di Giuseppe disse: «Sia il suo paese benedetto dall'Eterno con i doni preziosi del cielo, con la rugiada, con le acque dell'abisso che giace in basso». (13)*

> *Queste sono le miriadi di Efraim. (17)*

> *Queste sono le migliaia di Manasse». (17)*

Di Zabulon disse: «Gioisci Zabulon, nel tuo uscire, e tu, Issacar, nelle tue tende!». (18)

Di Gad disse: «Benedetto colui che estende Gad». (20)

Di Dan disse: «Dan è un leoncello, che balza da Bashan». (22)

Di Neftali disse: «O Neftali, sazio di favori e ricolmo delle benedizioni dell'Eterno». (23)

Di Ascer disse: «Benedetto più di tutti i figli sia Ascer!» (24)

Levi fu escluso dalle dodici tribù perché la sua progenie fosse interamente consacrata e tutti i suoi discendenti divennero sacerdoti che appartengono a Dio. Al suo posto i due figli di Giuseppe, Manasse ed Efraim formarono le tribù che portano il loro nome prendendo il posto dei Leviti.

I nomi delle dodici tribù

Ma noi, che non siamo né membri delle dodici tribù di Israele né diretti discendenti di Abrahamo, come possiamo ricevere la salvezza ed attraversare i dodici cancelli su cui sono scolpiti i nomi delle dodici tribù?

Troviamo la risposta a questa domanda in Apocalisse 7:5-8:

"Della tribù di Giuda, dodicimila segnati;
della tribù di Ruben, dodicimila segnati;
della tribù di Gad, dodicimila segnati
della tribù di Aser, dodicimila segnati;
della tribù di Neftali, dodicimila segnati;
della tribù di Manasse, dodicimila segnati;
della tribù di Simeone, dodicimila segnati;
della tribù di Levi, dodicimila segnati;
della tribù di Issacar, dodicimila segnati;
della tribù di Zabulon, dodicimila segnati;
della tribù di Giuseppe, dodicimila segnati;
della tribù di Beniamino, dodicimila segnati."

In questi versi il nome della tribù di Giuda è pronunciato per primo e a seguire, il nome di Ruben come nella Genesi e in Duteronomio, non figura il nome della tribù di Dan, ed è stato aggiunto quello di Manasse.

1 Re 12:28-31 racconta i peccati gravi commessi da Dan:

"Dopo essersi consigliato, il re fece due vitelli d'oro
e disse al popolo: «È troppo per voi salire fino a
Gerusalemme! O Israele, ecco i tuoi dèi che ti hanno
fatto uscire dal paese d'Egitto!». Ne collocò quindi uno
a Bethel, e l'altro a Dan. Questo fu causa di peccato,
perché il popolo andava fino a Dan per prostrarsi
davanti a un vitello. Egli costruì anche templi sugli alti
luoghi e fece sacerdoti presi da ogni ceto di persone, che
non erano figli di Levi."

Geroboamo, il primo re del regno del Regno del Sud, pensò che se il popolo si fosse recato a Gerusalemme, si sarebbero alleati di nuovo con Roboamo, il re di Giuda. Fece allora due vitelli d'oro, ne installò uno a Betel e l'altro a Dan e proibì il popolo di avvicinarsi a Gerusalemme e offrire sacrifici a Dio, seducendo il popolo per indurlo a recarsi a Betel e a Dan.

La tribù di Dan non solo si macchiò del peccato di idolatria, ma scelse sacerdoti che non appartenevano alla tribù di Levi, istituì una festa di 15 giorni da celebrarsi durante l'ottavo mese, proprio come la celebrazione che si teneva in Giuda. L'Eterno non perdonò tutti questi peccati. Egli si dimenticò di loro.

Ecco perché il nome della tribù di Dan non appare, essendo stata sostituita da Manasse, che fu aggiunto proprio come profetizzato in Genesi 48:5. Giacobbe, infatti, disse a suo figlio Giuseppe:

> *"Ora i tuoi due figli, che ti sono nati nel paese d'Egitto prima che io venissi da te in Egitto, sono miei. Efraim e Manasse sono miei, come Ruben, e Simeone."*

Giacobbe, il padre d'Israele, aveva già suggellato Manasse ed Efraim, chiamandoli suoi. Ecco perché anche in Apocalisse non viene mai menzionata la tribù di Dan ed al suo posto è nominata Manasse. Non solo. L'altro significato attribuibile al fatto che Manasse sia elencato tra le dodici tribù di Israele, sebbene non ne facesse parte, sta ad indicare proprio che i gentili avrebbero preso il posto dei Giudei e sarebbero stati salvati.

Nello stabilire le dodici tribù d'Israele, Dio tracciò le

fondamenta di una nazione. Duemila anni fa, Egli spalancò anche per noi i cancelli della salute dell'anima, permettendo così a chiunque di ricevere la salvezza attraverso la fede, in modo che anche i nostri peccati fossero lavati via dal sangue prezioso che Gesù versò sulla croce.

Il popolo d'Israele, che Dio chiamava "il mio popolo", non seguì il volere di Dio, e pertanto, il vangelo è stato passato ai gentili.

I gentili, l'olivo selvatico innestato, hanno preso il posto del popolo d'Israele, quello che Dio si era scelto. Questo è il motivo per cui l'apostolo Paolo scrive in Romani 2:28-29: *"Infatti il Giudeo non è colui che appare tale all'esterno, e la circoncisione non è quella visibile nella carne; ma Giudeo è colui che lo è interiormente, e la circoncisione è quella del cuore, nello spirito, e non nella lettera; e d'un tal Giudeo la lode non proviene dagli uomini, ma da Dio."*

In pratica i gentili hanno "rimpiazzato" il popolo d'Israele compiendo così in azioni reali quello che rappresentava, figurativamente, il rimpiazzo di Manasse al posto di Dan. Anche i gentili, quindi, possono entrare nella Nuova Gerusalemme passando per i dodici cancelli, purché abbiano le qualifiche di fede necessarie.

Perciò, può ricevere la salvezza, non soltanto chi appartiene alle dodici tribù d'Israele, ma anche quelli che sono diventati discendenti di Abrahamo attraverso la fede. Quando i gentili arrivano alla fede, Dio non li considera più "gentili" ma membri delle dodici tribù. Tutte le nazioni saranno salvate attraverso i dodici cancelli e questa è la giustizia di Dio. Le "dodici tribù" dell'Israele spirituale altro non sono che tutti i figli di Dio salvati per fede, e, a simbolizzare tutto questo, Egli ha inciso i nomi delle dodici tribù d'Israele sui dodici cancelli.

La gloria di ogni tribù, tuttavia, è diversa, proprio come ogni nazione ha diverse caratteristiche.

I nomi dei dodici apostoli scolpiti sulle dodici fondamenta

A questo punto di certo vi starete chiedendo qual è la ragione per cui i nomi dei dodici discepoli sono scolpiti sulle dodici colonne della Nuova Gerusalemme.

Quando si edifica un palazzo, per prima cosa si innalza la base su cui saranno posate le colonne. Si fa quindi una grande buca, e da questa è relativamente facile comprendere quale sarà la grandezza del palazzo in costruzione. Le fondamenta sono d'enorme importanza, perché supportano tutto il peso dell'intera struttura. Allo stesso modo, le dodici fondamenta della Nuova Gerusalemme, sono state posate per innalzare le mura della Nuova Gerusalemme e le dodici colonne, tra le quali sarebbero poi stati collocati i dodici cancelli.

La misura delle dodici fondamenta e delle dodici colonne è così grande che la nostra comprensione non ci concede di capire. Nel prossimo capitolo scaveremo a fondo quest'argomento.

Le dodici fondamenta sono elementi prioritari rispetto ai cancelli, come il ruolo dei discepoli è stato più importante di quello delle dodici tribù.

Gesù e i dodici discepoli

Gesù, il figlio di Dio, venuto in terra in carne ed ossa, iniziò il suo ministero all'età di 30 anni, nominò dei discepoli e li istruì. Allorquando arrivò il tempo, Gesù diede potere ai suoi discepoli di cacciare via i demoni e di guarire gli ammalati. Matteo 10:2-4 elenca i nomi dei dodici discepoli:

> *"Ora i nomi dei dodici apostoli sono questi: il primo Simone detto Pietro e Andrea suo fratello Giacomo di Zebedeo e Giovanni suo fratello Filippo e Bartolomeo; Tommaso e Matteo il pubblicano, Giacomo di Alfeo e Lebbeo, soprannominato Taddeo; Simone il Cananeo e Giuda Iscariota, quello che poi lo tradì."*

Su richiesta di Gesù, i discepoli predicavano il vangelo e compivano miracoli tramite la potenza di Dio, camminavano testimoniando del Dio vivente e conducendo molte anime sulla via della salvezza. Tutti, tranne Giuda Iscariota – il quale era sin dall'inizio sotto l'influenza di Satana per mettere in "vendita" Gesù – furono testimoni della resurrezione di Gesù, della sua ascesa al cielo e tutti fecero un'esperienza profonda con lo Spirito Santo. I discepoli ricevettero il gran mandato, lo Spirito Santo e la potenza di Dio in modo che potessero testimoniare del Signore in Gerusalemme, in Giudea, in Samaria e fino alle estremità della terra.

Mattia sostituisce Giuda Iscariota

In Atti 1:15-26 è descritto il processo che portò alla sostituzione di Giuda Iscariota. Pregarono e poi tirarono i dadi. Fecero così per essere certi che tutto sarebbe stato compiuto secondo il volere di Dio, senza nessun intervento o ingerenza da parte degli uomini. Infine, tra quelli che avevano conosciuto Gesù e che avevano ascoltato i suoi insegnamenti, la scelta ricadde su un certo Mattia. Gesù scelse Giuda proprio perché sapeva che lo avrebbe tradito. Il fatto stesso che Mattia fu selezionato da "esterno" sta a significare ancora una volta che anche i gentili possono ricevere la salvezza, ma anche che i servi che Dio si sceglie appartengono al ruolo di Mattia. Dai tempi della resurrezione ad oggi vi sono stati molti servitori del Signore che Dio stesso si è selezionato, e, chiunque diventa uno con Lui, può essere un discepolo del Signore, proprio come lo fu Mattia.

I servitori scelti dal Signore, obbediscono alla volontà del loro Padrone con una sola parola sulle labbra: "Sì!". Se così non è, allora non sono dei suoi servitori, non sono servitori scelti di Dio.

I dodici discepoli, incluso Mattia, somigliavano in tutto al Signore, si santificarono pienamente, obbedirono ai suoi insegnamenti e camminarono secondo la volontà di Dio per morire, infine, da martiri. Ecco perché sono le fondamenta della missione mondiale.

I nomi dei dodici discepoli

Tutti coloro che sono stati salvati per fede, sebbene non si siano santificati appieno e non abbiano servito fedelmente la casa di Dio, possono visitare la Nuova Gerusalemme se sono invitati, ma, non possono soggiornarvi per sempre. Infatti, un'altra ragione per cui i nomi dei discepoli sono scolpiti sulle fondamenta della Città Santa, è per ricordarci che solo coloro che si sono pienamente santificati in questa vita hanno l'autorizzazione ad entrare nella Nuova Gerusalemme.

Le dodici tribù di Israele rappresentano tutti i figli di Dio salvati per fede. Coloro che si santificano e sono in tutto fedeli con la propria vita hanno le qualifiche per entrare nella Nuova Gerusalemme. Ecco perché è importante sapere cosa sono le colonne della Città Santa, ed ecco perché i nomi dei discepoli non sono incisi sui cancelli ma sulle colonne.

Quali furono i motivi che spinsero Gesù a scegliere proprio quei dodici uomini per essere i suoi discepoli? Nella sua sapienza perfetta, Egli compie il piano divino, designato da prima del tempo, agendo in modo che tutto sia consono a tale piano. Quindi, deduciamo che anche scegliendo queste dodici persone come suoi discepoli, Egli portò a compimento il piano divino.

L'Eterno, che aveva formato le dodici tribù durante il tempo del Vecchio Testamento, selezionò dodici discepoli, usando nuovamente il numero 12 che simbolizza "luce" e "perfezione" nel Nuovo Testamento, e, ricordate, l'ombra del Vecchio Testamento è l'essenza del Nuovo Testamento, i due patti che si uniscono in Lui.

Dio non cambia idea, Egli non modifica i suoi piani, Egli mantiene la sua Parola. Ecco perché dobbiamo credere alla Parola di Dio, la Bibbia, prepararci come sposa del Signore pronta a riceverlo e conquistare tutte le qualifiche necessarie per entrare nella Nuova Gerusalemme come i dodici discepoli.

"Ecco, io vengo presto e il mio premio è con me, per rendere ad ognuno secondo le opere, che egli ha fatto." *(Apocalisse 22:12).*

Se credi veramente che il ritorno del Signore è vicino, che tipo di vita dovresti vivere? La salvezza non sarà per te un traguardo ma un punto di inizio, dovrai sforzarti per estirpare il peccato dal tuo cuore ed essere fedele in ogni cosa che Lui ti richiede.

Prego nel nome del Signore Gesù Cristo che ognuno di voi lettori godrà della gloria e della benedizioni della Nuova Gerusalemme, come i padri della nostra fede i cuoi nomi sono incisi per sempre sui dodici cancelli della Città Santa e sulle dodici fondamenta.

ᨓ Capitolo 3 ᨓ

L'estensione
della Nuova Gerusalemme

E colui che parlava con me aveva una canna d'oro, per misurare la città, le sue porte e il suo muro.

La città era a forma quadrangolare, e la sua lunghezza era uguale alla larghezza; egli misurò la città con la canna, ed era di dodicimila stadi; la sua lunghezza, larghezza e altezza erano uguali. Misurò anche il muro ed era di centoquarantaquattro cubiti, a misura di uomo, cioè d'angelo.

- Apocalisse 21:15-17

La maggior parte dei credenti è convinta che tutti i redenti entreranno nella Nuova Gerusalemme, e che, invero, la Città Santa sia il cielo vero e proprio. Eppure, come abbiamo visto fin'ora, la Nuova Gerusalemme è solo una parte dei cieli, che sono invece infiniti, e, solo i figli di Dio totalmente santificati possono dimorare nella Città.

Ma, quanto è grande e fin dove si estende la Nuova Gerusalemme?

Per rendere più facile la comprensione di tutto questo,

consideriamo, ad esempio, la grande muraglia cinese, la più grande mai costruita dagli esseri umani. La lunghezza totale delle mura è di 2700 chilometri, ma, se si includono tutte le ramificazioni, arriva intorno ai 6500 chilometri. La grande muraglia si estende da est ad ovest e attraversa colline, pianure, deserti, sei castelli e due città. Prova ad immaginare in una sola fotografia l'inizio e la fine di questa che è una delle sette meraviglie del mondo antico. Non puoi, e non puoi vedere la fine dall'inizio neanche se vai a visitare questo monumento come fanno milioni di turisti ogni anno.

La Gerusalemme celeste è ben più estesa della grande muraglia. Nei prossimi paragrafi studieremo in profondità l'estensione e la forma della Città Santa, e il significato spirituale nascosto in questi elementi.

Una canna d'oro per le misure

Io credo che sia naturale per quanti hanno la vera fede e la speranza fervente della Nuova Gerusalemme domandarsi come sia questa città, quanto è grande e che forma ha. Essendo la residenza dei figli di Dio che si sono interamente santificati e che Gli somigliano in tutto, questo luogo è stato preparato in modo meraviglioso e magnifico.

In Apocalisse 21:15 potete leggere dell'angelo con la canna d'oro che misurava la città, le mura e i cancelli. Ma perché prendere le misure con una canna dorata?

Misurare con un metro d'oro

La canna d'oro di cui parla Apocalisse è una sorta di "metro lineare rigido" utilizzato per misurare le distanze nel cielo. Conoscere l'essenza della canna dorata ci aiuterà a comprendere la ragione per cui Dio fece misurare le dimensioni della Nuova Gerusalemme con quest'utensile.

Caratteristiche della canna d'oro

Innanzi tutto, l'oro è il simbolo della vera fede, che non è mai scossa e non cambia. Giobbe confessò: *"Ma egli conosce la strada che io prendo; se mi provasse, ne uscirei come l'oro."* (Giobbe 23:10). Il fatto che questa canna sia d'oro sta a simbolizzare che il modo con cui Dio misura è accurato, immutabile e che Egli mantiene ogni promessa.

Le canne [di bambù, ndt] sono generalmente molto alte e abbastanza cedevoli al tatto, ondeggiano quando c'è vento, ma non si spezzano, inglobano in se due qualità: morbidezza e forza. Inoltre, le canne sono nodose, hanno dei nodi, come a ricordarci che Dio si ricorda e ci ricompensa secondo le azioni che abbiamo compiuto.

Ecco perché Egli calcola la dimensione della Nuova Gerusalemme con una canna, per pesare la fede di ognuno accuratamente e secondo le proprie azioni.

Continuiamo ora a studiare le caratteristiche e i significati spirituali della canna in modo da comprendere perché l'Eterno misura la Nuova Gerusalemme con questo strumento.

Le caratteristiche della canna per misurare la fede

Prima di tutto, le canne, hanno radici profonde, da 1 a 3 metri e crescono in gruppi nelle sabbie delle paludi o dei laghi. Guardandole potrebbe sembrare semplice sradicarle, eppure non sono facili da divellere. Come queste piante, anche i figli di Dio dovrebbero essere così ben piantati nella fede, fermi sulla roccia della verità. Solo quando la tua fede sarà così salda da non mutare qualsiasi circostanza si presenterà alla tua vita, potrai entrare nella Nuova Gerusalemme, le cui dimensioni sono misurate dalla canna d'oro. E' per questa ragione che l'apostolo Paolo pregò così ai credenti che vivevano in Efeso: *"...perché Cristo abiti nei vostri cuori per mezzo della fede"* (Efesini 3:17).

C'è una seconda ragione da considerare, ed è la parte esterna delle canne, così morbida, che ricorda la dolcezza del cuore di Gesù, che mai una sola volta insultò qualcuno o alzò la voce, che anche se perseguitato e criticato, non litigò mai con nessuno.

Ecco perché, quindi, quelli che aspirano a vivere eternamente nella Nuova Gerusalemme devono avere lo stesso cuore mite di Gesù.

Se qualcuno ti punta il dito ed evidenzia i tuoi errori, e questo ancora ti disturba, è perché il tuo cuore non è stato completamente trasformato, non è tenero e mite ma è ancora pieno di orgoglio. Se il tuo cuore fosse morbido come un batuffolo di cotone, riusciresti ad accettare e sopportare qualsiasi cosa ti viene detta con gioia, senza provare risentimento o insoddisfazione.

In terza analisi, le canne ondeggiano quando c'è vento, si

muovono, ma non si spezzano così facilmente. Spesso, durante un forte tifone, gli alberi sono divelti e non le canne: questo perché sono elastiche. Mi è spesso capitato di sentire degli uomini che, in modo dispregiativo, paragonano proprio per la loro elasticità, le canne di bambù al cuore delle donne. Non è questo il senso che il Signore vuole dare, anzi, è proprio l'opposto. Infatti, le canne sono morbide e potrebbero, in apparenza, sembrare deboli, eppure sono così forti da non spezzarsi neanche se esposte a venti fortissimi. Inoltre, producono un fiore bianco bellissimo e molto elegante.

Proprio grazie a questi diversi aspetti, dolcezza, forza e bellezza, la canna simbolizza perfettamente la giustizia del giudizio di Dio. Queste caratteristiche, inoltre, possono essere applicate anche al popolo d'Israele. Israele possiede un territorio relativamente piccolo, così come il numero dei suoi abitanti, ma è circondato da vicini ostili. Israele potrebbe sembrare una nazione debole, ma non si è mai spezzata, in nessuna circostanza. Questo perché la loro fede in Dio è radicata e profonda e storicamente arriva fino ai padri della fede, fino ad Abrahamo. A volte sembra che questa nazione stia per cedere, però poi si riprende perché la loro fede in Dio gli permette di rimanere in piedi.

Allo stesso modo, per poter dimorare nella Nuova Gerusalemme, la nostra fede dovrà essere inamovibile, immutabile, radicata in Gesù Cristo che è la roccia, come le canne di bambù che hanno radici profonde e salde.

Quarto, i gambi delle canne sono diritti e lisci e vengono utilizzati per costruire tetti, frecce, o le punte delle penne. Il gambo diritto induce anche un movimento in avanti, si dice, infatti, che la fede sia "viva", solo quando continua ad avanzare. Quelli che migliorano e si sviluppano cresceranno di giorno in giorno nella loro fede, continuando ad avanzare verso il cielo.

Dio si sceglie dei vasi ad onore che avanzino verso cielo, li raffina e li perfeziona così che siano capaci di entrare e vivere nella Nuova Gerusalemme. Perciò, noi dovremmo avanzare verso cielo come le foglie che germogliano dalla cima di un gambo diritto.

Quinto, per descrivere uno scenario pacifico molti poeti si sono ispirati ai fiori della canna di bambù, perché l'aspetto di queste piante è morbido e liscio, e le loro foglie sono aggraziate ed eleganti. Come dice 2 Corinzi 2:15 *"Perché noi siamo per Dio il buon odore di Cristo fra quelli che sono salvati, e fra quelli che periscono."* Quelli che sono ancorati alla roccia della fede distribuiscono l'aroma di Cristo, il loro viso è aggraziato e confortante, e chiunque si avvicina a questo tipo di credenti può sperimentare il cielo attraverso loro. Per entrare nella Nuova Gerusalemme, dobbiamo perciò, spandere il buon aroma di Cristo che è come quello dei fiori morbidi e delle foglie eleganti delle canne.

Sesto, le foglie della canna sono sottili e le estremità della canna stessa sono acute abbastanza, vengono, infatti, utilizzate dai pastori per condurre gli animali al pascolo, in quanto tagliano la pelle della. Nello stesso modo, quelli che hanno la fede non si devono compromettere con il peccato ma essere affilati come lame per gettare via il la radice maligna che ancora vive nel cuore.

Daniele, che era un ministro della grande Persia e grandemente amato dal re, affrontò una prova nella quale fu condannato e finì nella fossa dei leoni a causa di uomini malvagi che erano gelosi di lui. Malgrado tutto ciò, egli non si compromise e restò ancorato alla sua fede. Di conseguenza, Dio mandò il Suo angelo per chiudere la bocca dei leoni permettendo così a Daniele di glorificare grandemente Dio di fronte al re e a tutto il popolo.

Dio si compiace con il genere di fede che aveva Daniele, quella che non si compromette con il mondo. Egli protegge tutti quelli che hanno questa fede, da grandi prove e difficoltà, permettendogli di glorificarlo, infatti, è scritto che Lui benedice i suoi e li fa essere "...la testa, non la coda" ovunque si trovino. (Deuteronomio 28:1-14).

Inoltre, come Proverbi 8:13 ci dice, *"Il timore dell'Eterno è odiare il male."* Se tu hai del male nel tuo cuore, devi liberartene, attraverso preghiere ferventi e digiuni, e solo quando smetti di comprometti con il peccato e odi il male, sarai santificato e potrai quindi dimorare nella Nuova Gerusalemme.

Finora abbiamo approfondito la ragione per la quale Dio misura la Città Santa con una canna dorata analizzando le sei caratteristiche di questa pianta, il cui uso ci permette di sapere che Dio misura accuratamente la nostra fede, che ci ricompensa precisamente per quello che abbiamo fatto in questa vita, e che adempie sempre le Sue promesse. Ecco perchè io spero tu comprenda che è necessario avere le qualifiche spirituali che la canna dorata simbolizza, e ti liberi da ogni genere di malvagità ancora presente nel tuo cuore in modo che somigli sempre di più al cuore di Dio.

La Città Santa è quadrangolare

Dio ha specificamente registrato nella Bibbia l'ampiezza e la forma della Nuova Gerusalemme. Apocalisse 21:16 ci dice che la Città ha una forma quadrangolare e di circa 15.000 mila miglia (12,000 stadi) in capacità, ampiezza, ed altezza. Alcuni si domanderanno: "Ma non ci sentiremo un po' in gabbia?" L'interno della Nuova Gerusalemme è così comodo e piacevole, che questa non potrà essere una sensazione provata da chi vi abita. Inoltre, è possibile vedere l'esterno dall'interno (e non il contrario). In altre parole, non c'è nessuna ragione di sentirsi in gabbia o chiusi dentro quattro mura se vivrete nella Nuova Gerusalemme.

A forma di cubo

Ma perché questa forma, perché Dio ha scelto di costruire la Nuova Gerusalemme come un cubo? Stessa profondità, stessa larghezza e stessa altezza rappresentano ordine, giustizia e accuratezza. Dio controlla queste cose da sempre in modo che le stelle, la luna, il sole, tutto il sistema solare e l'universo intero si muova precisamente ed accuratamente, senza disfunzioni. Costruire la Nuova Gerusalemme in forma cubica è l'affermare di Dio stesso che la storia è interamente sotto il suo controllo e che Egli compie ogni cosa fino alla fine e con precisione.

Ricapitolando, la Nuova Gerusalemme ha le stesse misure in larghezza, altezza e profondità, dodici cancelli e dodici colonne, tre per lato. Questo perché non importa dove tu viva su questa terra, le regole saranno applicate equamente a coloro che potranno entrare nella Nuova Gerusalemme. Vale a dire, tutte le persone che sono qualificate dalla misurazione della canna dorata entreranno nella Nuova Gerusalemme, senza riguardo di sesso, età, o razza.

Questo è perché Dio, che è retto ed equo, giudica con giustizia e misura le qualifiche per entrare nella Nuova Gerusalemme accuratamente. Inoltre, nella Città, vi sono 4 piazze, ognuna a rappresentanza di un punto cardinale, perchè Egli chiama i suoi figli e li rende perfetti fra tutte le nazioni del mondo, da ogni provenienza.

6000 Li. larga, lunga e alta

Apocalisse 21:16: *"La città era a forma quadrangolare, e la sua lunghezza era uguale allalarghezza; egli misurò la città con la canna, ed era di dodicimila stadi; la sua lunghezza, larghezza e altezza erano uguali."* 15.000 miglia equivalgono a 12.000 stadi (che è un unità di misura utilizzata in Israele). Se convertiamo questa misura in Li., l'unità di misura tradizionale coreana, il risultato è all'incirca 6.000 Li. (più o meno 24.000 chilometri).

Quindi, la Gerusalemme quadrangolare misura 6.000 Li. in capacità, ampiezza e altezza.

In Apocalisse 21:17 si legge: *"Misurò anche il muro ed era di centoquarantaquattro cubiti, a misura di uomo, cioè d'angelo."*

Le mura della Nuova Gerusalemme sono di 144 cubiti, che si

convertono in 65 metri o 213 piedi. In pratica le mura della Città Santa sono incomparabilmente spesse proprio perché la città è immensa.

Il significato spirituale di 6.000 Li.

Ora vorrei approfondire la ragione per cui l'Eterno ha costituito le misure della Nuova Gerusalemme, capacità, ampiezza e altezza, in 6.000 Li., perché nel comprendere il significato di questo troveremo una grande e profonda provvidenza divina.

Il significato di 6.000 in capacità e ampiezza

In Genesi 1 Dio fa i cieli e la terra in 6 giorni e si riposa al settimo. 2 Pietro 3:8 ci ricorda: *"Ora, carissimi, non dimenticate quest'unica cosa: che per il Signore un giorno è come mille anni, e mille anni come un giorno."*

Nei giorni che verranno, proprio come Dio si è riposato il settimo giorno dopo la creazione di 6 giorni, ci sarà un millennio di riposo al completamento dell'anno 6.000 della coltivazione umana.

Dal momento in cui Adamo ed Eva furono maledetti e cacciati dal Giardino dell'Eden, Dio ha iniziato la coltivazione del genere umano su questa terra. Al termine di questi 6.000 anni di coltivazione umana, i veri figli di Dio, quelli che si sono santificati, entreranno nella Nuova Gerusalemme. Ecco perché

Egli ha costruito la città in larghezza, capacità e altezza in 6.000 Li., proprio per rappresentare i 6.000 anni di coltivazione umana.

Questo non significa che la storia della terra sia di 6.000 anni. Fra il giorno in cui Dio pose Adamo nel giardino dell'Eden e quello in cui Adamo mangiò dall'albero del bene e del male, passò un lunghissimo periodo. Infatti, sappiamo che il primo uomo non disobbedì poco dopo aver ricevuto la specifica istruzione di non mangiare da quell'albero, ma dopo molto tempo. Infatti, si evince dal racconto biblico che prima Adamo diede vita a molti figli come Dio gli aveva comandato.

Durante questo lasso di tempo molto lungo Adamo visse nel giardino dell'Eden e una grande quantità di cose accaddero, molte realtà vissero e morirono sulla terra. Quindi, i "6.000 anni" non includono questo periodo, ma, iniziano dal momento in cui Adamo mangiò del frutto dell'albero della conoscenza del bene e del male e fu cacciato del giardino e messo su questa terra.

Ricordare i 6.000 anni di coltivazione umana

Dio ha definito l'ampiezza e lunghezza della Nuova Gerusalemme a 6.000 Li. per ricordare a tutti, sia quelli che vivono dentro che fuori la Città, del fatto che sono in cielo dopo 6.000 anni di coltura umana.

Con il passare del tempo l'uomo tende a dimenticare. Spesso capita che la gente dimentichi i favori ricevuti da altri e finisca per non provare alcun tipo di gratitudine nel cuore. In cielo, invece, il cuore della gente non cambierà mai, perché tutti saranno esseri spirituali, anche se, in effetti, con il passare di un lunghissimo tempo, gli uomini che vivranno nel cielo, dimenticheranno che un tempo furono coltivati sulla terra.

E' in funzione del principio per cui gli uomini "dimenticano" che noi osserviamo la Santa Cena, in ricordo della grazia della salvezza attraverso la croce del Signore.

L'importanza celeste dei 6.000 Li.

La Nuova Gerusalemme avrebbe potuto essere alta, larga e profonda 3.000, 4.000 o anche 5.000 Li., ma, per quale motivo, invece, è proprio 6.000 Li.? Perchè questo numero rappresenta il vaso che ha tenuto il frutto nato durante i 6.000 anni di coltura umana.

Dio ha accumulato le ricompense da dare ai suoi figli per ciò che hanno compiuto in fede durante questi 6.000 anni di coltura umana.

Come ho spiegato nel capitolo 1, al vertice dei 6.000 Li. di altezza della Nuova Gerusalemme si trova il luogo in cui l'Eterno prese la forma di Trinità, dove Dio, che esisteva come luce scintillante e voce armoniosa che copriva l'universo intero prima dell'inizio del tempo, progettò la coltura umana per allevarsi dei veri figli e prese la forma di Padre, Figlio e Spirito Santo.

La ragione per cui Dio ha definito tutte e tre le misure della città santa in 6.000 Li., è per ricordare continuativamente i 6.000 anni della coltura umana attraverso i quali, Dio, la Trinità, si è raccolto i Suoi veri figli, al modo di un agricoltore che coglie per sé i frutti migliori. Ecco perché Dio mandò Gesù come il Redentore dell'umanità, permettendo che Egli fosse crocefisso, ad aprire la strada della salvezza per tutti. Il Signore, poi, ci ha donato la possibilità di avere lo Spirito Santo come un regalo, per condurci passo passo fino ad entrare nella Nuova Gerusalemme e recuperare finalmente l'immagine perduta di Dio.

Dio ha dato alla Corea un ruolo fondamentale durante gli ultimi tempi

Paesi diversi hanno ed assumono unità differenti nel misurare le distanze. Israele ha gli stadi, molti paesi occidentali hanno le miglia, in Corea abbiamo i Li. Mi sono chiesto quale fosse la ragione per cui l'ampiezza, la lunghezza, e l'altezza della Nuova Gerusalemme siano proprio 6.000 Li., come l'unità di misura usata in Corea, e che questo numero coincida proprio con i 6.000 anni della provvidenza di Dio per il genere umano.

La ragione per cui il periodo di 6.000 anni della coltura umana e i 6.000 Li. della Nuova Gerusalemme coincidono, sono un segno che dimostra quanto Dio stia usando la Corea per adempiere il suo piano durante questi ultimi giorni di provvidenza divina.

Ma perché proprio la Corea? Storicamente, come etnia nel complesso, i coreani hanno sempre vissuto nella ricerca di una beatitudine particolare per essere chiamati da tutto il resto del mondo "Nazione di Civiltà dell'Est". I coreani, risaputamene un popolo dal cuore mite, non hanno mai invaso una nazione né mai soggiogato un altro popolo. Al contrario, la Corea è stata più volte oggetto d'invasioni straniere. Proprio perché questa nazione ha un trascorso storico di ricerca della mansuetudine in senso assoluto, Dio sta spandendo la sua grazia sulla nostra gente.

Ad oggi, il numero di chiese presenti in Corea è maggiore di quello presente in nazioni dal background cristiano sia in Europa che nelle Americhe. Qui da noi potete trovare una chiesa cristiana anche nei villaggi sperduti delle montagne. Nessuno può negare che il Signore ha grandemente benedetto questa nazione, e, se pensate che un tempo questo era un paese totalmente idolatra, sembra incredibile che la Corea in poco più di cento anni dalla prima evangelizzazione, oggi vanti una vera e propria cultura cristiana, inviando missionari e sponsorizzando missioni in tutto il mondo. Dio ha scelto la Corea, ha sparso la sua grazia su questa nazione e la usa come uno strumento nelle mani dello Spirito Santo per portare il vangelo in ogni dove e risvegliare le anime dormienti in modo che il maggior numero possibile d'uomini e donne possano ricevere il Signore che presto tornerà.

La Nuova Gerusalemme è incomparabilmente più grande di qualsiasi struttura o città di questo mondo, ma il permesso per entrarvi non è accordato a chiunque lo voglia. Questo luogo è esclusivamente per coloro il cui cuore assomiglia a quello di Dio che è limpido e meraviglioso come il cristallo.

Dio, che è giusto, ci ricompenserà secondo quello che abbiamo fatto su questa terra, e in proporzione a quanto ci siamo liberati del peccato, alla nostra santificazione, alle anime che abbiamo condotto alla salvezza e glorificato Dio con la nostra esistenza, potremo dimorare in un luogo maggiormente glorioso e meraviglioso dei cieli.

Inoltre, se vogliamo stare nella Nuova Gerusalemme, dove si trova il trono di Dio, dovremo avere le qualifiche spirituali misurabili dalla canna dorata.

Ecco perchè prego nel nome del nostro Signore Gesù Cristo che tu possa portare a termine la santificazione, compiere appieno tutto quello che Egli ti domanda, ed essere fedele in tutto alla casa di Dio così che tu possa entrare e vivere per sempre nella Nuova Gerusalemme.

〰 Capitolo 4 〰

Edificata in oro puro e con gioielli preziosi di tutti i colori

Il muro era fatto di diaspro; e la città era di oro puro, simile a cristallo trasparente.

- Apocalisse 21:18

Il Taj Mahal, un monumento molto celebre dell'architettura Indio-Persiana, è accessibile solo attraverso un grande cancello d'entrata dopo il quale la vista si perde su un immensa piscina costeggiata su ogni lato da alberi al disopra della quale si erge una cupola di marmo color latte che si riflette splendidamente sull'acqua sottostante. Il mausoleo è stato progettato in modo che la luce entri e riempia l'interno della cupola attraverso un muro intagliato a rete. Si dice che lo splendore di questo luogo durante la luna piena sia di una bellezza indescrivibile.

Il Taj Mahal fu costruito dall'imperatore Mongolo Mumtay Shahjahan in memoria della sua amatissima moglie, Mumtaz Mahal. I lavori iniziarono nel 1631 e continuarono per ben 22 anni, stressando profondamente la tesoreria della nazione.

Immagina di avere tutte le possibilità economiche ed il potere di costruire una casa in cui tu e la persona che ami potete vivere per sempre, per tutta l'eternità. Come ti piacerebbe che fosse? Che materiali utilizzeresti? I costi non sono un problema, hai tutto il tempo e gli operai che vuoi a disposizione. Di certo, con questi presupposti la dimora sarà meravigliosa e affascinante.

Allo stesso modo, il nostro Padre, Dio, non costruirà e decorerà una Nuova Gerusalemme meravigliosa, con il migliore materiale possibile del cielo per vivere qui per sempre con i suoi figli tanto amati? Inoltre, ogni sostanza utilizzata per costruire la Città Santa ha un significato diverso, atto a ricordare le volte in cui per Lui, abbiamo sopportato con fede ed abbiamo amato su questa terra, ed è tutto incredibilmente magnifico!

È naturale per quelli che amano il Signore profondamente volere sapere di sulla Nuova Gerusalemme.

Nella Bibbia Dio ci ha dato molte informazioni sulla Città Santa, inclusa l'estensione, la profondità e l'altezza, sappiamo anche quanti metri è spesso il muro della Città Santa.

Ma, di cosa è fatta la Nuova Gerusalemme?

Adornata di oro puro e di ogni tipo di gioielli

La Nuova Gerusalemme, che Dio ha preparato per i suoi figli, è interamente costruita in oro puro e immutabile e decorata con ogni genere di gioielli. I materiali del cielo non sono gli stessi della terra, come ad esempio il suolo o il terreno che mutano col passare del tempo. Anche le strade della Nuova Gerusalemme sono fatte d'oro puro e le fondamenta di gioielli. Se le sabbie della spiaggia del fiume dell'acqua della vita sono d'oro e d'argento, quanto più stupefacenti saranno i materiali utilizzati per gli edifici?

La Nuova Gerusalemme: il capolavoro di Dio

La lucentezza, il valore, l'eleganza, e la delicatezza di ogni immobile differisce secondo il materiale con cui è stato costruito. I marmi molto sono più sfavillanti ed eleganti della sabbia, del legno o del grigio cemento.

Mi chiedo se riuscite ad immaginare quanto bello e sfarzoso sia un intero edificio costruito in oro rifinitissimo e gioielli, e quanto ancora più stupendi saranno gli edifici del cielo fatti di materiali così puri che noi neanche conosciamo!

Infatti, l'oro ed i gioielli del cielo, scaturiti dal potere diretto di Dio, sono ben diversi in qualità, colore e raffinatezza da quelli di questa terra. La purezza e la luce che emanano e la meraviglia che suscitano non possono essere espressi in modo sufficiente con le nostre parole.

Qui sulla terra anche noi abbiamo vasi di varia natura, alcuni sono di creta, altri di materiali più costoso o di porcellana sintetica, che è molto meno costosa. Inoltre, il valore di ogni pezzo differisce anche in base alla fattura ed alla maestria del cesellatore. Dio ha impiegato migliaia di anni per costruire la Nuova Gerusalemme e non meraviglia il fatto che la Città Santa è veramente il suo capolavoro, ripieno della sua gloria preziosa e perfetta perché perfetto è dell'Architetto della Città.

Oro puro per simboleggiare la fede e la vita eterna

Quando parlo di oro puro mi riferisco ad un metallo che è composto al cento per cento di oro e non contiene alcuna impurità. Anche sulla terra, l'oro puro è immutabile, tant'è vero che molti paesi lo usano come standard per le loro valute e per i cambi, oltre che essere utilizzato un pò ovunque per decorazioni di grande importanza e scopi industriali di vario genere. L'oro puro è notevolmente ricercato ed è amato da molte persone.

Dio ha donato l'oro alla terra per permetterci di comprendere che ci sono cose immutabili e che si, esiste un mondo eterno. Tutto su questa terra si usura e cambia con il passare del tempo. Se conoscessimo solo ciò che perisce sarebbe impossibile per noi per comprendere che esiste un cielo eterno con la nostra conoscenza limitata.

Dio ci mette in condizione di comprendere l'eternità proprio attraverso l'oro che è immutabile. Per noi, capire che esistono cose che non cambiano mai significa possedere la speranza certa di un cielo eterno. Inoltre l'oro puro è il simbolo per eccellenza della fede vera e salda. Ti invito ad essere saggio e a cercare di guadagnarti quella fede immutabile come è immutabile l'oro puro.

Ci sono molte cose completamente di oro puro in cielo. Immagina quanto saremmo grati di vivere in un posto interamente costruito in oro puro, materiale che abbiamo sempre considerato il più prezioso della terra!

Gli stolti pensano che l'oro sia solamente un mezzo per aumentare e rendere pubblica la loro ricchezza, e, com'è logico aspettarsi, queste persone vivono lontano da Dio e non lo amano.

Purtroppo però, finiranno per cadere nel lago di fuoco, dove lo zolfo brucia ardente e il rammarico è perpetuo!

"Ah se avessi considerato la fede così preziosa come ho considerato prezioso l'oro! Ah, oggi non sarei qui in inferno a soffrire!"

Spero che voi lettori sarete abbastanza saggi da possedere il cielo ricercando la fede che non muta e non l'oro di questo mondo che dovrete lasciare il giorno che la vostra vita sulla terra sarà finita.

La gloria e l'amore di Dio simbolizzate attraverso i gioielli

I gioielli sono dei solidi con un alto indice di rifrazione, esprimono bellezza attraverso i colori e la luce che riverberano.

Sono rari e di conseguenza considerati preziosi, motivo questo per cui molti uomini e donne li amano follemente. Sappiate che in cielo Dio rivestirà coloro che hanno posseduto il cielo attraverso la fede con vesti di lino purissimo decorate da molti gioielli per esprimere il suo amore per loro.

Forse la gente ama i gioielli perché indossandoli fanno sembrare loro stessi più belli, ma, pensate, quanto più piacevole sarà ricevere dei gioielli splendenti direttamente dalle mani di Dio nel cielo?

A questo punto forse alcuni si staranno chiedendo perché dovremo avere bisogno di gioielli nel cielo. Perché le pietre preziose, nei cieli, rappresentano la Gloria di Dio e la quantità con cui un credente ne sarà premiato mostra l'amore che il Signore ha per quella persona.

I gioielli che si possono trovare nel cielo sono di tanti generi e colori diversi. Ad esempio, le dodici fondamenta della Nuova Gerusalemme sono di zaffiro blu molto trasparente, di smeraldo verde e lucente, di rubino dal colore rosso profondo, di crisolito giallo e trasparente, di berillo dal colore verde-blu che ricorda l'acqua tranquilla dell'oceano, di topazio arancione, di crisopazio di un verde scuro trasparente e di ametista viola cangiante nei toni lilla-violetto.

Oltre a queste pietre, esistono altre innumerevoli varietà di gioielli che riflettono colori magnifici come il diaspro, il calcedonio, il sardio e il giacinto. Tutti hanno nomi e significati differenti e combinati fra loro esprimono dignità, onore, valore e gloria.

Gioielli celesti levigati dal potere della creazione

Come i gioielli di questa terra riflettono colori diversi e luci da angolazioni differenti, i gioielli del cielo hanno diverse luci e colori, ma in particolare quelli della Nuova Gerusalemme emanano più d'un colore, alcuni due, altri splendono addirittura di tre luci colorate diverse.

E' piuttosto evidente che questi gioielli superano qualsiasi paragone rispetto a quelli che si trovano sulla terra perché Dio stesso li ha levigati in origine con il potere sprigionato durante la creazione. Ecco perché l'apostolo Giovanni disse che bellezza della Nuova Gerusalemme è come quella delle pietre preziose.

Anche i gioielli della Nuova Gerusalemme risplendono di luci molto più belle di quelle degli altri luoghi di dimora del cielo, perché i figli di Dio che dimoreranno nella Città Santa hanno portato a termine completamente il cuore di Dio e dato a Lui ogni gloria. L'esterno, ed anche l'interno della Nuova Gerusalemme, è adornato da ogni genere di gioielli magnifici di vari colori. Inoltre, queste gemme, non sono donate a chiunque, ma come ricompensa secondo le azioni e la fede di ognuno durante la vita su questa terra.

Di quale materiale sono fatte le mura della Nuova Gerusalemme?

Vi è un muro esterno ed un muro interno e sono costruiti rispettivamente in diaspro ed in oro puro, ma non sono due cinta separate, sono come due fogli di carta messo uno sull'altro. Guardando alla Nuova Gerusalemme dall'esterno vedresti una distesa di diaspro, ma non impilato e uniforme ma decorato in modo magnifico. Dall'interno invece scorgeresti una vastità d'oro puro, anche questo decorato meravigliosamente. Ogni disegno, ogni ornamento, ogni decorazione, riflette la sapienza di Dio.

Le mura di diaspro della Nuova Gerusalemme

Apocalisse 21:18 ci dice che nella Città Santa il "muro era fatto di diaspro". Riesci ad figurare nella tua mente quanto sono maestose le mura della Nuova Gerusalemme interamente in diaspro?

Diaspro simbolo della fede spirituale

Il diaspro che si trova su questa terra è generalmente una pietra solida ed opaca. I suoi toni variano, da verde rosso a verde giallastro, a volte i colori sono mescolati o altre volte si presentano a macchie e secondo la colorazione, la solidità differisce. Il diaspro è relativamente a buon mercato e tende a frantumarsi, però, il diaspro celeste non muta nel tempo e non si spezzetta. Inoltre, in cielo questa pietra assume un colore bianco e bluastro ed è trasparente quasi da sembrare un solido composto d'acqua limpida. Anche se non può essere paragonato a nessuna pietra terrena, posso dire che è simile alle luci del sole che si riflettono nell'oceano.

Il diaspro simbolizza la fede spirituale, in quanto è l'elemento essenziale e fondamentale della vita cristiana. Senza la fede non puoi ricevere né la salvezza né il favore Dio, e, senza la fede che piace a Dio, non potrai entrare nella Nuova Gerusalemme.

La Nuova Gerusalemme è costruita con fede, ed il gioiello che può esprimere il colore di questa fede è il diaspro, motivo per cui le mura della Città Santa sono state interamente create con questa pietra.

Se la Bibbia ci dicesse "Le mura della Nuova Gerusalemme sono fatte di fede", chi potrebbe capire tale espressione? Nessuno, come del resto, infatti, è già difficile tentare di immaginare com'è decorata la Città Santa.

La Gerusalemme Celeste è il capolavoro di Dio il Creatore, è il luogo del riposo eterno per i frutti migliori usciti dai 6.000 anni di coltivazione umana. Quanto magnifico e splendente sarà?

Noi dobbiamo comprendere che la Nuova Gerusalemme è stata costruita con una tecnologia molto più alta della nostra e con attrezzature così sofisticate che è anche inutile per noi cercare di comprenderne i meccanismi.

Come spiegato nel capitolo 3, anche se i muri sono trasparenti, l'interno non è visibile dall'esterno e comunque, questo non vuole dire che chi abita nella Città si sentirà come confinato all'interno dei limiti cittadini. I residenti della Nuova Gerusalemme possono vedere fuori della Città e questo dona ai suoi abitanti la sensazione che le mura non ci siano affatto. Che meraviglia! Che meraviglia!

Costruita in oro così puro da sembrare cristallo trasparente

La seconda parte di Apocalisse 21:18 dice: *"...e la città era di oro puro, simile a cristallo trasparente."* Analizziamo, adesso, le caratteristiche dell'oro così da afferrare un po' meglio la bellezza della Nuova Gerusalemme.

Il valore dell'oro puro è immutabile

L'oro non si ossida né a contatto con l'aria né con l'acqua, non si deteriora negli anni e non ha nessuna reazione chimica con altre sostanze, in sintesi, mantiene lo stesso splendore nel tempo. L'oro che si trova su questa terra è un metallo relativamente morbido, il che ci permette di combinarlo con altri materiali e dare vita a diverse leghe. In cielo, invece, l'oro non è così deformabile, ma questo è vero anche degli altri gioielli celesti, che distribuiscono colori diversi e hanno differente solidità da quelli terrestri, perché ricevono la luce diretta della gloria di Dio.

Qui sulla terra, l'eleganza ed il valore di un gioiello variano secondo l'abilità e la tecnica del mastro orafo che lo lavora, immagina, quindi, quanto saranno preziosi e magnifici i gioielli della Nuova Gerusalemme che sono plasmati ed intagliati da Dio in persona!

Sulla terra, a motivo dell'egoismo e della costante ricerca di fama personale le persone tendono ad impazzire di fronte ai gioielli, ma nel cielo non esistono sentimenti come avidità o bramosia. Semmai, l'attaccamento verso un gioiello è di natura spirituale, in quanto ciascun prezioso ha uno specifico significato celeste, e, nel riguardare come Dio ha decorato ogni cosa magnificamente, si impara qualcosa di più sul suo immenso amore per noi.

Dio ha interamente edificato la Nuova Gerusalemme in oro puro

Dio ha interamente edificato la Nuova Gerusalemme in oro puro limpido come il cristallo. Ma perchè? Come abbiamo analizzato nei paragrafi precedenti, l'oro puro, spiritualmente, rappresenta la fede, la speranza che nasce dalla fede, e quindi, fattori come ricchezza, onore ed autorità. "Speranza che nasce dalla fede" significa ricevere, attraverso una fede vera, la salvezza, la liberazione totale dal peccato, la santificazione, la Gerusalemme Celeste, e, infine, le ricompense ed il premio celesti. Tutte cose che chi ha la fede che piace a Dio attende con appassionata speranza.

Ecco perchè Egli ha costruito questa Città in oro puro così che quelli che vi entrano carichi di intensa aspettativa vivano ripieni di gratitudine e felicità per sempre.

Apocalisse 21:18 ci dice che la Nuova Gerusalemme è simile a *"terso cristallo" (Nuova Riveduta)*. Questo è lo scenario che si apre di fronte a chi vede la Nuova Gerusalemme, una città trasparente, limpida, raffinata, senza alcuna macchia, interamente costruita in oro, ma non quello che conosciamo noi, ma oro puro celeste, che non è opaco ma limpido e splendente proprio come il cristallo. Ecco perché di fronte alla visione della Nuova Gerusalemme l'unica cosa che l'apostolo Giovanni riuscì a dire è "pura come l'oro, limpida come il cristallo".

Concepire la Nuova Gerusalemme, interamente costruita in oro puro e con ogni genere di gioielli è quasi impossibile per noi.

Dopo avere accettato il Signore, essendo pieno di speranza per il cielo, stavo costantemente perdendo interesse per le cose di questo mondo e di conseguenza non avevo nessuna cura né per l'oro che per i gioielli preziosi, non ho mai desiderato possederli, per me erano solo pietre ordinarie. Nei miei giorni di preghiera in cui chiedevo a Dio di ammaestrarmi sui cieli, il Signore mi riprese dicendomi: "In cielo tutto è d'oro, ogni cosa è decorata con gioielli preziosi, tu dovresti apprezzare questi elementi." Certamente non mi voleva dire di iniziare a collezionare ori e diamanti, ma di comprenderne il significato spirituale profondo, di percepire questi elementi come li percepisce Lui.

Vi sprono a fare anche voi lo stesso, ad apprezzare i metalli e le pietre preziose, così che quando vedrete dell'oro il vostro primo pensiero sarà "...che la mia fede sia come oro puro..." e quando vi capiterà di guardare a delle pietre preziose il vostro cuore si riempirà di speranza per la dimora celeste che ci aspetta.

Io prego nel nome del Signor Gesù Cristo che avendo fede come oro puro corriate verso il cielo, verso la vostra casa celeste d'oro immutabile e decorata con gioielli magnifici.

Capitolo 5

Il significato delle
dodici fondamenta

*I fondamenti delle mura della città erano adorni d'ogni
specie di pietre preziose.*
*Il primo fondamento era di diaspro; il secondo di zaffiro;
il terzo di calcedonio; il quarto di smeraldo; il quinto di
sardonico; il sesto di sardio; il settimo di crisòlito; l'ottavo
di berillo; il nono di topazio; il decimo di crisopazio;
l'undicesimo di giacinto; il dodicesimo di ametista.*
- Revelation 21:19-20

L'apostolo Giovanni dice che le mura della Nuova
Gerusalemme sono fatte di diaspro, (ed abbiamo visto, questo
elemento rappresenta la fede spirituale) e che per edificare
la Città, è stato utilizzato solo oro puro (per simbolizzare la
speranza che nasce attraverso la fede). L'apostolo ha anche
descritto le fondamenta della Nuova Gerusalemme con gran
dettaglio, ma perché fare un rapporto così completo sulla Città
Celeste? Perché Dio vuole che nel conoscere il significato
spirituale delle dodici fondamenta della Città i suoi figli
possiedano vita eterna e vera fede.

Servitori del Signore che leggete questo libro, vi incoraggio ad apprendere il significato d'ogni pietra, a ricercare queste cose in preghiera per guidare il vostro gregge su una strada corretta.

Le dodici pietre preziose, così abbinate, ci ricordano il cuore di Gesù e quello di Dio, la summa e l'espressione completa dell'Amore. Conoscere il significato spirituale di queste gemme, quindi, vi permette di capire se e quanto il vostro cuore somiglia a quello di Cristo, ed in che misura siete qualificati ad entrare nella Nuova Gerusalemme.

Esaminiamo quindi le dodici pietre ed il loro valore celeste:

Diaspro: Fede spirituale

Come abbiamo visto, il diaspro, l'elemento fondamentale delle mura della Città, simboleggia la fede spirituale. Con questo termine mi riferisco a quel tipo di fede con cui è possibile credere interamente e profondamente dal cuore alla Parola di Dio. Se sai di avere questo tipo di fede, che è sempre accompagnata da conseguenti azioni, allora stai già correndo verso la Nuova Gerusalemme e cerchi la santificazione con tutto te stesso.

La fede spirituale è l'elemento fondamentale della vita cristiana, senza, infatti, non si ricevere la salvezza, non si ottengono risposte alle preghiere e la speranza del cielo non potrebbe sussistere.

Il fondamento della vita cristiana

Ebrei 11:6 ci ricorda che: *"...senza fede è impossibile*

piacergli; poiché chi si accosta a Dio deve credere che egli è, e che ricompensa tutti quelli che lo cercano." (Nuova Riveduta).

Se hai la vera fede, allora credi anche che Dio ti ricompenserà, sei fedele, combatti il peccato fino a liberartene e avanzi dritto per la via stretta. In questo modo la tua condotta sarà irreprensibile e, accompagnato dallo Spirito Santo, entrerai nella Nuova Gerusalemme.

Al pari di un edificio che non può essere costruito senza una solida base, la fede ferma è il fondamento della vita cristiana, senza non sarebbe possibile condurre un'esistenza degna di questo appellativo. Ecco perché in Giuda 1:20-21 l'apostolo ci invita: *"...carissimi, edificando voi stessi sulla vostra santissima fede, pregando nello Spirito Santo, conservatevi nell'amore di Dio, aspettando la misericordia del Signore nostro Gesù Cristo, in vista della vita eterna."*

Generalmente la fede può intraprendere due direzioni: spirituale e carnale. La fede carnale proviene dalla conoscenza, quella spirituale, invece, origina direttamente dal cuore ed è puntualmente seguita dalle opere.

Chiaro che la fede ricercata da Dio non è quella carnale ma la fede spirituale, ed è semplice capire lo stato della tua fede dalle opere che ti seguono. Sappi che senza la fede spirituale non puoi piacere a Dio e di conseguenza non potrai entrare nella Nuova Gerusalemme.

Probabilmente adesso iniziate a comprendere perché le mura della Città Santa sono interamente di diaspro, che rappresenta la fede spirituale, perchè che solo tramite la fede spirituale Egli potrà condurci fino alla Nuova Gerusalemme.

Pietro riceve le chiavi del regno dei cieli

Vorrei adesso considerare un uomo con questo tipo di fede spirituale. Che genere di fede possedeva l'apostolo Pietro tanto da avere il suo nome scolpito su una delle fondamenta della Nuova Gerusalemme? Ancora prima di essere ufficialmente nominato discepolo, Pietro già ubbidiva a Gesù (vi ricordate quando in Luca 5:3-6 ascoltò il Signore che gli ordinava di gettare la rete da un altro lato?). Anche quando Gesù chiese a Pietro di portargli un asino ed il suo puledro, lui obbedì con fede (Matteo 21:1-7). O quando il Signore gli disse di andare al lago, portare un pesce e la relativa moneta che conteneva (Matteo 17:27), e non dimentichiamoci che camminò sulle acque insieme a Gesù, anche se solo per qualche istante. Questi racconti rendono bene l'idea della fede di Pietro!

Di conseguenza, Gesù ritenne la fede di Pietro retta e gli consegnò le chiavi del regno dei cieli e qualsiasi cosa Pietro avesse legato sulla terra sarebbe stata legata in cielo, e qualunque cosa avesse sciolto sulla terra sarebbe stata sciolta anche in cielo (Matteo 16:19). Pietro guadagnò una fede perfetta dopo aver ricevuto lo Spirito Santo e testimoniato audacemente per Gesù Cristo. Si dedicò interamente al regno di Dio per il resto della sua vita fino terminare i suoi giorni da martire.

Anche noi dovremmo avanzare verso il cielo come Pietro, dando gloria a Dio, fino a possedere la Nuova Gerusalemme con la fede che piace a Dio.

Zaffiro: Correttezza e integrità

Lo zaffiro, il secondo fondamento delle mura della Città, distribuisce un colore trasparente, simile al blu scuro. Cosa rappresenta questa pietra spiritualmente? Raffigura la correttezza e l'integrità della verità che si erge fermamente contro ogni tentazione o minaccia di questo mondo. Lo zaffiro simboleggia la luce della verità che avanza con rettitudine sulla sua strada, senza mai cambiare, il "cuore integro" che obbedisce senza esitazioni a tutta la volontà di Dio.

Daniele ed i suoi tre amici

Un buon esempio di rettitudine spirituale e di integrità nella Bibbia si trova nel racconto di Daniele e dei suoi tre amici - Shadrach, Meshach e Abed-nego. Daniele non si compromise mai, non avrebbe mai appoggiato qualcosa che non fosse stata in accordo con la rettitudine di Dio, anche se questo avesse significato disobbedire ad un ordine del re. Daniele tenne alta la sua rettitudine di fronte a Dio finché questo gli costò una punizione terribile, fu gettato, infatti, in una fossa piena di leoni. Ma l'Eterno, che si compiacque grandemente nell'integrità di fede dimostrata da Daniele, lo protesse inviando angeli a chiudere la bocca dei leoni, permettendo ancora una volta a Daniele di glorificare grandemente il suo Dio.

In Daniele 3:16-18 leggiamo dei tre amici di Daniele, anche loro fermamente legati alla fede e dal cuore integro, tanto da essere gettati nella fornace ardente, per non commettere il peccato d'idolatria. Quanto segue è ciò che proclamarono audacemente di fronte al re:

"Shadrak, Meshak e Abed-nego risposero al re, dicendo: «O Nebukadnetsar, noi non abbiamo bisogno di darti risposta in merito a questo. Ecco, il nostro Dio, che serviamo, è in grado di liberarci dalla fornace di fuoco ardente e ci libererà dalla tua mano, o re. Ma anche se non lo facesse, sappi o re, che non serviremo i tuoi dèi e non adoreremo l'immagine d'oro che tu hai fatto erigere»."

Anche se furono messi nella fornace ad un calore ben sette volte maggiore del normale, i tre amici di Daniele ne uscirono sorprendentemente vivi, senza fare odore di fumo e neanche un solo capello incenerito, perché Dio era con loro. Il re che testimoniò tutto questo finì per dichiarare pubblicamente: *"Benedetto sia il Dio di Shadrak, Meshak e Abed-nego, che ha mandato il suo angelo e ha liberato i suoi servi, che hanno confidato in lui; hanno trasgredito l'ordine del re e hanno esposto i loro corpi alla morte, piuttosto che servire e adorare altro dio all'infuori del loro. Perciò io decreto che chiunque, a qualsiasi popolo, nazione o lingua appartenga, dirà male del Dio di Shadrak, Meshak e Abed-nego, sia tagliato a pezzi e la sua casa sia ridotta in un letamaio, perché non c'è nessun altro dio che possa salvare a questo modo." Daniele 3:28-29.* Ed il re diede gloria a Dio, e promosse i tre amici di Daniele.

Per entrare nella Nuova Gerusalemme, i nostri cuori devono essere integri, come l'integrità rappresentata dallo zaffiro, che è il secondo fondamento. Se il nostro cuore non è come quello di Daniele e dei suoi tre amici, noi non possiamo entrare nella Città Santa, anche se con la fede sufficiente per ricevere la salvezza, possiamo in ogni caso conquistare il cielo.

Chiedere con fede, senza dubitare

Giacomo rivela che Dio odia il cuore instabile:

> *"Ma la chieda con fede senza dubitare, perché chi dubita è simile all'onda del mare, agitata dal vento e spinta qua e là. Non pensi infatti un tal uomo di ricevere qualcosa dal Signore, perché è un uomo dal cuore doppio instabile in tutte le sue vie." (Giacomo 1:6-8).*

Nel caso che il nostro cuore non sia integro, se dubita, anche solo un pochino, allora saremo classificati come "quelli dal cuore doppio e instabile". Coloro che dubitano sono facilmente scossi dalle tentazioni del mondo perché tendono ad essere disattenti e ad agire furtivamente, ma questi, non vedranno la gloria di Dio perché non possono dimostrare di avere fede e di conseguenza, non sono neanche in grado di obbedire. Ecco perché l'apostolo ci ricorda che questo genere d'uomini non *"...si aspetti di ricevere qualcosa dal Signore"*.

Le mie tre figlie, a causa di un avvelenamento da monossido

di carbonio subito dopo la fondazione della mia chiesa, rischiarono di morire. Eppure, io non ero preoccupato e non le ho portate in ospedale perché credevo completamente nel Dio onnipotente. Mi sono semplicemente recato al santuario, mi sono inginocchiato per pregare con ringraziamento. Dopo di che, pregai in fede, "...io comando, nel nome di Gesù Cristo, veleno, va' via, abbandona le mie figlie!".

Le mie figlie, che avevano perso conoscenza, rinvenirono una alla volta immediatamente dopo la mia preghiera. Un gran numero di membri della mia chiesa ha potuto testimoniare quello che vi ho raccontato, e, tra lo stupore generale, tutti furono riempiti di gioia e glorificarono Dio grandemente.

Se abbiamo la fede che non si compromette con questo mondo ed il cuore integro che piace a Dio, lo glorificheremo in ogni cosa che facciamo conducendo una vita benedetta in Cristo.

Calcedonio:
Innocenza ed Amore Sacrificale

Calcedonio, il terzo fondamento delle mura della Nuova Gerusalemme, spiritualmente rappresenta innocenza ed amore sacrificale. L'amore sacrificale è quel genere d'affezione che non chiede mai nulla in cambio per sé ed agisce sempre per rettitudine e per il regno di Dio. Se hai questo amore sacrificale, la tua soddisfazione è completa nell'amare il tuo prossimo in ogni circostanza, senza aver bisogno di qualcosa in cambio per questo. L'amore spirituale, infatti, non cerca il proprio beneficio ma soltanto il bene degli altri.

L'amore carnale finisce per farci sentire vuoti, tristi ed affranti se non siamo amati dagli altri perché questo tipo di amore è, in essenza, egoista. Ecco perché se qualcuno ha l'amore carnale, e non un cuore sacrificale, potrebbe eventualmente odiare il suo prossimo o diventare nemico di quelli che gli sono vicino se non contraccambiano i suoi sentimenti.

Per questo è fondamentale comprendere l'unico vero amore, l'amore di Dio, che ha amato il genere umano fino a sacrificarsi completamente.

Amore sacrificale: non chiedere nulla in cambio

Il nostro Signor Gesù, pur essendo Dio, si abbassò venendo sulla terra in carne ed ossa per salvare l'umanità, nacque in una stalla, la sua prima culla fu una mangiatoia, venne per salvare noi che vivevamo come animali, condusse un'esistenza povera per salvarci dalla povertà, guarì gli ammalati, diede forza ai deboli, speranza ai disperati e considerazione agli abbandonati. Gesù mostrò solamente bontà ed amore e proprio per questo fu deriso, frustato e crocefisso indossando solo una corona di spine, per mano di uomini ignoranti e malvagi, Lui che era venuto come nostro Redentore.

Nonostante il patimento ed il dolore della crocifissione, Gesù pregò suo Padre, Dio, in amore per quelli che lo deridevano e lo stavano crocifiggendo. Lui che era irreprensibile ed immacolato, si sacrificò per noi esseri umani peccatori. Questo è l'amore sacrificale di Gesù, verso l'intera umanità, ed Egli desidera che ci amiamo l'un l'altro, soprattutto noi che abbiamo ricevuto questo grande amore da Lui, dovremmo amare tutti senza mai chiedere o aspettarci qualcosa in cambio.

Proprio perché conosco quest'immenso amore, per quanto mi riguarda, mai ho odiato o augurato una maledizione a qualcuno, sebbene sia stato tradito molte volte, anche da membri della mia stessa chiesa, che, dopo aver ricevuto grazia proprio tramite il mio ministero, hanno rilasciato false testimonianze e dicerie agendo in modo malvagio. Io li amo ancora e spesso prego sinceramente per loro.

Nell'aiutare il bisognoso non ho ma ricercato qualcosa in cambio, ma ho scelto di sacrificare molto del mio tempo, delle mie energie e delle mie risorse per amore, amore genuino e compassione per quegli che sono nel bisogno, senza mai aver il desiderio di ricevere dei riconoscimenti o qualsiasi altra cosa per le mie azioni.

Similmente, soltanto quando ci sacrifichiamo e diamo incondizionatamente senza volere nulla in cambio, possediamo l'amore vero che il calcedonio simboleggia. A motivo dell'amore sacrificale che Gesù aveva nel suo cuore, poté amare Giuda Iscariota, sebbene sapeva sin dall'inizio che lo avrebbe tradito.

Filippo riceve potenza da Dio per amore sacrificale

Nella Bibbia, un esempio eccellente di individuo ripieno di amore sacrificale, come simboleggiato dal calcedonio, è Filippo. Atti 8:5-8 ce ne offrono una descrizione dettagliata:

"Or Filippo discese nella città di Samaria e predicò loro Cristo. E le folle, con una sola mente, prestavano attenzione alle cose dette da Filippo, udendo e vedendo i miracoli che egli faceva. Gli spiriti immondi infatti uscivano da molti indemoniati, gridando ad alta voce; e molti paralitici e zoppi erano guariti. E vi fu grande gioia in quella città."

Durante gli anni della chiesa primitiva, Filippo, compì molti segni e miracoli fra la gente, sebbene fosse solamente un diacono. Questo potere è dato da Dio soltanto a coloro che si sono santificati, che si sono liberati della loro malvagità, il cui cuore è integro e pieno di rettitudine e che rispettano completamente la Sua volontà.

Come ha potuto Filippo ricevere ed esercitare tutto questo potere da Dio? Atti 8:26-40 narrano un episodio nel quale un angelo di Dio dice a Filippo *"«Alzati e va' verso il mezzogiorno, sulla strada che da Gerusalemme scende a Gaza; essa è deserta»"*. (v. 26). Filippo obbedì al comando di Dio, semplicemente, senza farsi coinvolgere dai suoi pensieri. Lì incontrò un eunuco etiope, come Dio aveva progettato, lo svegliò con un messaggio potente, lo battezzò e lo cambiò per sempre. In seguito, quest'eunuco risalì verso il suo paese e divulgò il vangelo. Filippo udiva chiaramente la voce dello Spirito Santo perché si era interamente liberato della malvagità che abitava nel suo cuore era un uomo giusto e pieno della rettitudine di Dio. Ecco perchè Filippo manifestava questa gran potenza divina, sebbene fosse solamente un diacono.

A motivo di Filippo, anche la sua famiglia, che amava grandemente Dio, portò molto frutto. Atti 21:9 ci dicono, *"Or egli aveva quattro figlie vergini, che profetizzavano."* Possiamo liberamente dichiarare che lo Spirito Santo condusse Filippo ed il resto della sua famiglia, sempre.

Anche noi dovremmo ricercare lo stesso potere di Dio, l'innocenza e l'amore sacrificale che aveva Filippo, per l'avanzamento del Suo regno e della Sua giustizia, glorificando in ogni cosa il Signore.

Smeraldo: Rettitudine e Purezza

Lo smeraldo, il quarto fondamento delle mura della Nuova Gerusalemme, è di colore verde e rappresenta la bellezza e l'amabilità della natura. Lo smeraldo è stata una delle prime pietre preziose utilizzate come decorazione nella storia umana, e spiritualmente simboleggia la rettitudine e la purezza, i frutti della luce.

> *"...poiché il frutto della luce consiste in tutto ciò che è bontà, giustizia e verità."* (Efesini 5:9, Nuova Riveduta)

L'uomo "giusto" che Dio riconosce, si libera del peccato, obbedisce a tutti i comandi della Bibbia si purifica dall'ingiustizia e rimane fedele in ogni cosa, sempre. L'uomo onesto cerca il regno di Dio e la sua giustizia, è disciplinato nelle sue azioni, resta fermamente ancorato alla rettitudine divina da cui non si allontana mai.

Essere miti e di animo buono non ha molta importanza se non siamo retti, infatti senza la giustizia divina non produrremo il frutto della luce. Supponi che qualcuno afferri tuo padre alla gola insultandolo, sebbene lui sia innocente. Se resti buono e guardi tuo padre che continua a soffrire, non ti stai comportando con vera rettitudine. Non stai compiendo il tuo dovere di figlio.

Perciò, la bontà senza la rettitudine non è "bontà" spirituale agli occhi di Dio. Come può essere buona una mente esitante ed abietta? Di contro, la rettitudine senza la bontà non è "rettitudine" di Dio ma soltanto giustizia personale.

Rettitudine e purezza del re Davide

Joab, un comandante dell'esercito del re Davide, dopo aver accusato Abner, un altro soldato, di essere un disertore ed una spia, lo uccise, perché Abner a sua volta aveva ucciso suo fratello minore, Asahel, nella battaglia di Gibeon (2 Samuele 3:22-30). Joab commise un omicidio facendosi giustizia, per vendicare la morte di suo fratello. Qualche tempo dopo, sebbene Davide avesse ordinato a Joab di non uccidere suo figlio Absalom, che lo aveva tradito usurpando il trono, Joab lo uccise brutalmente, seguendo anche in questo caso il suo personale senso di giustizia (2 Samuele 18:9-15). Joab non agì mai secondo la rettitudine di Dio perché non c'era bontà nel suo cuore.

Re Davide, che aveva, al contrario di Joab, un cuore buono,

pianse, quando fu ucciso Absalom, sebbene lo avesse tradito e avesse anche tentato di ucciderlo (2 Samuele 18:33). Davide non agì secondo la sua giustizia, ma, in ogni cosa, operò in bontà. Anche prima di essere incoronato sovrano, quando re Saul lo cercava per assassinarlo, Davide ebbe ben due opportunità di uccidere il re malvagio, ma non lo fece. La Bibbia riporta che non una volta Davide agì ingiustamente (1 Samuele 24:4, 26:8-12).

Produrre il frutto della luce

Dio vuole che noi possediamo la bontà e la rettitudine che aveva Davide, che usiamo bontà e rettitudine per produrre il frutto della luce in verità.

La verità non inganna e non è mutevole, rimane tale in ogni situazione e, mantiene le promesse. Davide, che aveva amato immensamente Jonathan, figlio di Re Saul, dopo la sua morte, cercò e trovò suo figlio Mefibosceth, gli restituì tutte le sue terre, e gli promise che per sempre avrebbe cenato alla tavola del re (2 Samuele 9:7). David portò a termine bontà e rettitudine nel suo cuore con verità immutabile.

Dal profondo del mio cuore so che questa è la volontà di Dio, e per questo servo tuttora molte persone da cui ho ricevuto benedizione, ed il mio atteggiamento non cambierà mai finché il Signore ritornerà. Fra queste persone, sono particolarmente grato a coloro che mi hanno portato alla conoscenza di Dio e mi hanno aiutato a crescere nella mia fede, mai dimenticherò la loro grazia.

Come Davide, se il nostro cuore è saldo, anche noi

produrremo il frutto della luce, che consiste in bontà, giustizia e verità, in abbondanza. Lo smeraldo, quindi, è il quarto fondamento e simboleggia il frutto della luce, distribuendo il colore della giustizia di cui Dio si compiace.

Sardonico: Fedeltà spirituale

Sardonico, il quinto sostegno delle mura della Nuova Gerusalemme, simboleggia la fedeltà spirituale. La fedeltà verso Dio è tale non solo quando rispettiamo i comandamenti, ma se compiamo al meglio delle nostre possibilità e senza pigrizia tutto ciò che ci viene richiesto di fare. Portare a termine il proprio dovere di marito, di moglie o di figlio non rientra nella considerazione "siate fedeli", in quanto questi "doveri" sono fondamentali. E' come dire a un impiegato ben pagato che è "stato fedele" solo aver lavorato come pattuito con il datore di lavoro.

Come Mosè, l'uomo fedele in tutto alla casa di Dio

La fedeltà, dalla prospettiva di Dio, è fare ciò che ci è richiesto con tutto il nostro cuore, tutta la nostra mente, e tutta la nostra vita, fedeli in tutto alla casa di Dio nelle nostre rispettive posizioni. Per essere fedeli, dobbiamo innanzi tutto possedere la rettitudine di Dio nel cuore, senza, non potremmo sacrificarci.

Mosè era un profeta riconosciuto da Dio, tanto che Egli gli parlava faccia a faccia. Mosè portò a compimento completamente tutti i suoi doveri, tutte le cose che Dio gli aveva comandato, senza pensare troppo alla propria fatica e al sacrificio personale. Malgrado questo, il popolo d'Israele continuò a disubbidire, a lamentarsi ogni volta che si trovava ad affrontare una difficoltà, malgrado avessero tutti ampiamente testimoniato e sperimentato la potenza di Dio attraverso segni e miracoli. Ciononostante, Mosè condusse sempre il popolo in fede ed amore, ma non solo, intercesse per loro quando Dio era grandemente adirato a causa dei tanti peccati che avevano commesso. Mosè non li abbandonò, chiese all'Eterno perdono per loro, poi, ritornò al Signore, e dichiarò quanto segue:

> *"Mosè dunque ritornò dall'Eterno e disse: «Ahimè, questo popolo ha commesso un grande peccato e si è fatto un dio d'oro. Ciò nonostante ora, ti prego, perdona il loro peccato; se no deh, cancellami dal tuo libro che hai scritto!»." (Esodo 32:31-32).*

Mosè digiunò in favore del popolo, mise a rischio la sua vita per loro e si dimostrò più fedele di quanto Dio si aspettasse da un uomo. Per questo l'Eterno disse di lui: *"...il mio servo Mosè, che è fedele in tutta la mia casa."* (Numeri 12:7). Amare Dio con tutto il cuore significa fargli dono compiutamente dell'intero tuo cuore, il che vale a dire amare Dio quando ci viene facile, ma anche quando i nostri sentimenti rendono questo più difficile. Similmente, se il nostro cuore è integro, se compiamo ciò che Lui ci richiede con tutta la nostra forza ed agiamo con lo stesso sentimento che era in Gesù, allora anche noi saremo fedeli *"...in tutta la casa di Dio".*

Fedeli fino alla morte

La fedeltà che il sardonico simboleggia è quella di cui si dice "... essere fedele fino alla morte", quella di cui parla Apocalisse 2:10. Questo è possibile solo e se amiamo Dio sopra ogni cosa, dando per Lui tutto il nostro tempo, i nostri soldi, la nostra stessa vita, compiendo il nostro dovere al di là di ciò che ci viene richiesto, con tutto il cuore e tutta la mente.

Secoli fa, presso alcune corti, vi erano seguaci talmente fedeli che assistevano il re ed erano fedeli alla nazione fino al punto di sacrificare la propria vita, se necessario. Qualora il re fosse stato un tiranno, i sostenitori veramente leali gli avrebbero consigliato di agire diversamente, in modo corretto, anche se questo avesse messo in serio pericolo la loro vita. Infatti, contraddire un regnante poteva costare l'esilio o la condanna capitale, ma la loro fedeltà e affezione per il sovrano ed il popolo erano tali che per questo amore avrebbero corso anche il rischio di morire.

Per fare più di quello che ci viene richiesto, dobbiamo amare Dio come quei servi fedeli che hanno abbandonato la vita per la nazione, come Mosè, che Gli fu fedele per l'avanzamento del regno di Dio e della sua giustizia. In questo modo la nostra santificazione sarà rapida, saremo fedeli in tutti gli aspetti della vita ed equipaggiati con tutto ciò che occorre per entrare nella Nuova Gerusalemme.

Sardio: Amore appassionato

Il Sardio ha un colore rosso scuro ed è trasparente. Questa pietra, simbolo del sole infuocato, è il sesto fondamento della Nuova Gerusalemme e spiritualmente simboleggia la passione, l'entusiasmo, quell'amore appassionato necessario per portare a termine il regno di Dio e la sua giustizia. È il cuore fervente che con tutta la sua forza concretizza con lealtà ogni dovere ed ogni incarico.

Livelli diversi di amore appassionato

Ci sono molti gradi di amore e, generalmente, lo si può suddividere in amore spirituale e amore carnale. L'amore spirituale non cambia mai perché è dato da Dio, mentre l'amore carnale muta sovente, principalmente perché è di natura egoista.

Non importa quanto sia intenso l'amore dei non credenti, non potrà mai essere amore spirituale perchè questo un sentimento che proviene da Dio e può essere acquisito solamente se si vive nella verità. Neanche noi abbiamo l'amore spirituale quando facciamo i primi passi nella vita di verità, lo otteniamo solamente dopo che il nostro cuore inizia a somigliare a quello di Dio.

E tu? Com'è il tuo amore? Puoi dire di avere l'amore spirituale? Per saperlo, puoi esaminare te stesso confrontandoti con la definizione di amore spirituale di 1 Corinzi 13:4-7.

"L'amore è paziente, è benigno; l'amore non invidia, non si mette in mostra, non si gonfia,non si comporta in

modo indecoroso, non cerca le cose proprie, non si irrita, non sospetta il male; non si rallegra dell'ingiustizia, ma gioisce con la verità, tollera ogni cosa, crede ogni cosa, spera ogni cosa, sopporta ogni cosa."

Ad esempio, se siamo pazienti ma egoisti, se siamo mansueti, però siamo maleducati, non abbiamo ancora l'amore spirituale del quale scrive Paolo, in quanto, per affermare di possederlo, dobbiamo corrispondere ad ogni punto dei versi di 1 Corinzi.

D'altro canto, se in te è presente un senso di vuoto o ti manca sempre qualcosa, il tuo cuore non è pieno di amore spirituale, infatti, queste sensazioni sono dovute al fatto che, senza rendertene conto, ti aspetti qualcosa in cambio quando compi il tuo dovere. Il tuo cuore non è ancora completamente ripieno della verità dell'amore spirituale.

Quando sei colmo di amore spirituale, non ti sentirai mai solo o vuoto, ma sempre, contento, felice e grato. L'amore spirituale si compiace nel dare: più dai, più sarai appagato, grato e felice.

L'amore spirituale è felice di donarsi

Romani 5:8 ci dice: *"Ma Dio manifesta il suo amore verso di noi in questo che, mentre eravamo ancora peccatori, Cristo è morto per noi."* L'Altissimo amò Gesù, Suo unico Figlio, così tanto, perché Cristo è la verità stessa che assomiglia a Dio. Per questo lo ha donato come offerta sacrificale. Quant'è immenso e prezioso l'amore di Dio!

L'Eterno dimostrò il Suo amore per noi sacrificando il Suo

unico Figlio, come si legge in 1 Giovanni 4:16, *"E noi abbiamo conosciuto e creduto all'amore che Dio ha per noi. Dio è amore, e chi dimora nell'amore dimora in Dio e Dio in lui."* Solo se abbiamo l'amore di Dio, quel sentimento che si rallegra più nel dare che nel ricevere, che può sacrificarsi per gli altri, produciamo l'evidenza che testimonia che Dio è in noi, solo così entreremo nella Nuova Gerusalemme.

L'amore appassionato dell'apostolo Paolo per le anime

L'apostolo Paolo è un ottimo esempio nella Bibbia, in quanto è riuscito a combinare appropriatamente amore e passione. Paolo dichiarò ai Romani: *"Infatti desidererei essere io stesso anatema e separato da Cristo per i miei fratelli, miei parenti secondo la carne."* (Romani 9:3). Qui, "fratelli", si riferisce al popolo d'Israele, il popolo eletto di Dio.

Paolo, ripieno di amore spirituale, poteva dichiarare che, se fosse servito a portare anime a Dio, si sarebbe sacrificato e avrebbe passato l'eternità in inferno. Il vero amore spirituale che proviene da Dio è non volere nulla in cambio fino al punto di sacrificare la propria vita. Questo è l'amore che non cambia mai — perché non è egoista e cerca solo il beneficio altrui — e cresce più profondo con il passare del tempo.

Liberiamoci dunque dell'amore carnale e sforziamoci di ottenere l'amore spirituale di Dio che sacrificò il Suo unico Figlio, l'amore del Signore che obbedì offrendo la propria vita come sacrificio. Prego per voi e vi benedico nel nome di Dio, che possiate portare alla salvezza innumerevoli anime, come fece l'apostolo Paolo, ripieni di quell'amore appassionato che il Sardio simboleggia, ed entrare così nella Nuova Gerusalemme.

Crisòlito: Misericordia

Ed eccoci giunti al settimo fondamento della Nuova Gerusalemme, il Crisolito. Una pietra semitrasparente che sprigiona diversi colori: dal giallo al verde, dal blu al rosa, a volte addirittura appare completamente trasparente.

Ma cosa simboleggia il Crisòlito? Rappresenta la misericordia che perdona anche quelli che non possono essere compresi e né vogliono essere perdonati. È il cuore di Gesù che non odia nessuno, ma che comprende sempre, che tollera, ed ha misericordia di ognuno. La misericordia odia il peccato ma non il peccatore. La misericordia comprende e presenta la grazia.

Un cuore che perdona tutto in verità

Gesù sapeva che Giuda Iscariota lo avrebbe tradito, ciononostante, lo amò fino alla fine. Gesù fu crocefisso senza avere mai peccato, ma non odiò i suoi carnefici ed i suoi accusatori, anzi, pregò per loro e chiese al Padre di perdonarli.

E Stefano, vogliamo parlare di lui? Mentre moriva colpito dalle sassate di gente malvagia che provava piacere nel lapidarlo, si inginocchiò e pregò Dio in amore chiedendoGli di avere pietà dei suoi assassini. Oggi, molte persone sono rapidissime nel puntare il dito con disgusto ed odio verso chi pecca o commette un errore. Ricordate però che i credenti dal cuore misericordioso hanno pietà verso quelli che tutti gli altri evitano, li trattano bene cercano di dar loro forza e coraggio.

Re Davide, che era un uomo dal cuore misericordioso, non uccise re Saul, sebbene ne ebbe la possibilità e nonostante sapeva che Dio lo aveva ormai dimenticato. Quando Saul, poi, morì, Davide si straccò i vestiti, fece cordoglio, e digiunò. Questo atto che rende onore al re Davide, originò nel cuore misericordioso di Dio che è grandemente benevolo e mostra pietà anche verso i suoi nemici.

Frantumare la nostra ipocrisia

Una delle ragioni principali per cui molti non hanno misericordia è perché sono egoisti ed ipocriti, vivono seguendo i dettami di una mentalità distorta per la quale la ragione gli appartiene in tutto e sempre.

Supponi di avere un esercizio commerciale ed il negozio accanto a te sembra andare molto meglio del tuo. Quale sarà l'attitudine del tuo cuore? Se l'unica cosa che sai fare è lamentarti e augurare all'attività di vendita a fianco alla tua di traslocare in un'altra zona, non si potrà certo dire che tu hai un cuore misericordioso.

Liberati dell'egoismo che ti costringe a pensare che il tuo business deve andare meglio di quello del tuo concorrente, solo così avrai un cuore misericordioso. Ecco perché occorre frantumare la struttura naturale su cui costruiamo i nostri pensieri. Invece di pensare male, cerca di imparare dall'altro negozio così che entrambi gli esercizi producano e prosperino. Se ami i tuoi vicini, allora mostra loro misericordia, rallegrati con loro, sii felice se stanno bene, mostragli buon cuore, prega su di loro la stessa abbondanza che desideri per te e sarai grandemente prospero perché Dio ti inonderà con il suo amore e le sue benedizioni.

Come pastore mi rallegro ogni qual volta vedo o sento che una chiesa sta crescendo grandemente, anche se la mia chiesa magari in quel momento non sta propriamente aumentando. Prego di vero cuore per la comunità dei credenti che vedo crescere e chiedo a Dio: "Lascia che le tue chiese siano ravvivate e che i tuoi pastori siano grandemente amati da Te." Quando molte anime vengono alla salvezza attraverso altre chiese e non la mia, io mi rallegro molto perché so che il regno di Dio e la sua giustizia avanzano. Ecco perché mi sento contento, come se fosse la mia chiesa a crescere e a glorificare Dio.

Desideri anche tu un "cuore misericordioso"? Liberati da tutto il tuo egoismo e dall'ipocrisia.

Pietà carnale e misericordia spirituale

Nondimeno, donare tutto senza limiti non è sempre un atto misericordioso. A volte dobbiamo lasciare al nostro prossimo la possibilità di costruirsi un percorso da solo, o lo condurremo fuori strada attraverso atti che non sono concordanti con il sentiero che Dio ha scelto per lui.

Se i genitori, ad esempio, proteggono eccessivamente i loro figli, questi diventano degli individui viziati e potenzialmente preoccupanti per la società. Se i genitori continuano a reagire positivamente ad ogni capriccio dei bambini sin dai primi anni di vita, come cresceranno i loro figli? Di certo, saranno incompetenti, non sapranno camminare con le proprie gambe e si appoggeranno sempre sui genitori, oppure, diventeranno cittadini ribelli e spocchiosi, non potendo fare sempre quello vogliono.

Inoltre, se aiutiamo qualcuno che è troppo pigro per andare a lavorare, sebbene goda di ottima salute, o sosteniamo una persona che ha perso il suo benessere e continuiamo ad aiutarla anche se siamo a conoscenza dei suoi vizi di gioco e della sua abitudine ad ubriacarsi, questo non sarà considerato misericordioso. Aiutare qualcuno in questo modo porta solo altri guai e fa sì che gli individui in questione continuino a contare sugli altri per risolvere i loro problemi, finendo per renderli incapaci di condurre una vita con le proprie forze.

Questo non toglie il fatto che dobbiamo aiutare con cuore misericordioso quanti faticano a vivere e sopravvivono in situazioni di povertà a motivo di disgrazie o malattie, quelli che nonostante i loro migliori sforzi, non riescono proprio ad uscire da situazioni disgraziate.

La questione ora si pone per quegli individui che passano una prova a motivo della loro disobbedienza alla Parola di Dio. Che fare in un simile caso?

Il profeta Giona è l'esempio perfetto di questa categoria di credenti: disobbedì al volere di Dio, si rifiutò di salvare la città di Ninive e scappò via, in nave, verso Tarsis. Purtroppo per lui, incontrò una violenta tempesta ed i marinai, venuti a conoscenza della storia di Giona e della sua disobbedienza, decisero di gettarlo in mare. Prima di questo gesto estremo, mossi da pietà umana, l'equipaggio tentò di aiutare Giona, ma a motivo di ciò incontrarono grandi difficoltà. Persero tutto nel violento temporale che si abbatté sulla nave, proprio perché avevano aiutato Giona nella sua disobbedienza a Dio (Giona 1).

Aiutare Giona non era stato un atto misericordioso al contrario, aveva reso i marinai partecipi della sua disobbedienza alla volontà di Dio. Comunque, aiutare quelli che attraversano le prove all'interno della provvidenza di Dio è un atto misericordioso e Dio ricompenserà con benedizioni chiunque si prende cura dei suoi. Per esempio, quelli che seguirono Davide durante il periodo di prova che Dio gli permise di vivere, divennero i suoi servitori fedeli quando divenne re, e ricevettero onore e gloria di fronte a Dio. Prima di mostrare la nostra misericordia, perciò, meditiamo ed agiamo solo se le nostre azioni sono corrette agli occhi di Dio.

Un cuore misericordioso che abbraccia tutti

Qual è dunque la differenza tra amore e misericordia? L'amore spirituale si sacrifica completamente senza badare ai propri interessi, senza aspettarsi o volere qualcosa in cambio, mentre la misericordia ripone più peso sul perdono e sulla tolleranza. In altre parole, la misericordia è il cuore che comprende anche quelli che nessuno capisce e che nessuno ama. La misericordia non odia mai nessuno, non prova alcun disprezzo, ma fortifica e conforta gli altri. Se tu hai questo cuore, così caldo e amorevole, non punterai mai il dito sulle altrui colpe o su gli errori che commettono quelli che ti circondano, ma abbraccerai chiunque, cercando di intrattenere buone relazioni con tutti.

Mi chiederai, a questo unto, come ci dobbiamo comportare verso i malvagi? Ti rispondo molto semplicemente ricordandoti che anche noi tutti eravamo malvagi ed abbiamo conosciuto Dio perché qualcuno con amore, verità e perdono ci ha condotti a Lui.

Quando ci capita di interagire con dei bugiardi, spesso dimentichiamo che, prima di incontrare Dio, anche noi mentivamo nella smodata ricerca del nostro beneficio. Adesso, invece di tenere queste persone a distanza, dovremmo mostrare loro misericordia in modo che si ravvedano dalle proprie vie malvagie, perché solo nel manifestare tolleranza ed amore potranno comprendere e sperimentare la verità. Similmente, la misericordia tratta ognuno allo stesso modo, senza alcun pregiudizio, non offende mai nessuno e tenta di comprendere sempre tutti sia quando un individuo gli piace che quando non gli fa proprio simpatia.

Ecco perché vi esorto a produrre in abbondanza il frutto della misericordia rappresentato dal crisolito, che è il settimo fondamento delle mura della Nuova Gerusalemme.

Berillo: Pazienza

Il Berillo, l'ottavo fondamento della Città Santa è di un colore blu-verdastro simile a quello dell'oceano. Spiritualmente, è il simbolo della pazienza nel compiere l'avanzamento del regno di Dio e della sua giustizia, rappresenta il perseverare in amore anche e soprattutto verso quelli che ci perseguitano, che ci ingiuriano, che ci odiano, che ci contrastano e parlano male di noi.

Giacomo 5:10 ci sprona così: *"Fratelli miei, prendete come modello di sofferenza e di pazienza i profeti, che hanno parlato nel nome del Signore."* Noi possiamo cambiare gli altri quando siamo pazienti con loro.

Pazienza come frutto dello Spirito Santo e dell'amore

La pazienza, leggiamo in Galati 5, è uno dei nove frutti dello Spirito Santo e in 1 Corinzi 13, uno dei risultati (o frutti) dell'amore. Ma che differenza passa tra l'esercitare la pazienza come frutto dello Spirito Santo ed esercitarla come frutto dell'amore? La pazienza in amore si riferisce è la pazienza richiesta nel sopportare un qualche conflitto personale, come essere pazienti con quelli che ci insultano o nei confronti delle varie difficoltà che si incontrano nella vita. La pazienza come frutto dello Spirito Santo, invece, è la pazienza della verità, la calma che si deve avere di fronte a Dio in tutto.

Perciò, pazienza come frutto dello Spirito Santo ha un significato più largo, ed include anche quello di pazienza sulle questioni personali e su quelle relative al regno di Dio e alla sua giustizia.

Generi diversi di pazienza in verità

La pazienza può essere suddivisa in tre grandi categorie. La prima è la pazienza tra Dio e gli esseri umani. Esattamente come un coltivatore semina e si prende cura del suo raccolto con pazienza in modo che sia fruttuoso, anche noi dobbiamo essere pazienti nel liberarci dalle caratteristiche carnali fino ad acquisire dei tratti spirituali.

E' la stessa pazienza che dobbiamo avere nell'attesa delle risposte alle nostre preghiere. Il tempo che Dio impiega a risponderci può variare, come la pioggia invernale differisce da quella di primavera. A noi il compito di aspettare con pazienza, non dubitare e pregare fino a quando riceviamo la risposta.

La seconda categoria è la pazienza verso il prossimo, quella pazienza benigna con la quale ci si comprende l'un l'altro, si può abbracciare l'altro, perdonargli colpe, difetti, ed errori, la pazienza necessaria per vivere delle relazioni umane. Per esempio, se delle persone bestemmiano e ti perseguitano, quando predichi il vangelo, la maggior parte degli uomini abbandonerebbe questa gente e non vorrebbe nessuna ulteriore relazione con loro. Però, se mostri pazienza e continui a predicare il vangelo con preghiera ed amore, tutto opererà per il bene. In pratica, essere paziente anche con quelli che ti insultano e ti perseguitano è la seconda categoria di pazienza, quella fra le persone.

Il terzo genere è la pazienza che cambia il cuore. Maggiore la malvagità del nostro cuore, minore la nostra pazienza, però, per essere trasformati in uomini e donne di Dio, anche il nostro cuore deve trasformarsi, e questo avviene con pazienza.

In ogni modo, le persone hanno forme diverse per "portare pazienza". Alcuni sopportano a denti stretti e si agitano; altri tentano di sopprimere la rabbia; ed altri ancora abusano di varie sostanze come l'alcol nella speranze di dimenticare i propri guai.

Certuni, poi, si chiudono in sé stessi e non parlano per molto tempo, mentre altri vagano e cercano ovunque la risposta ai problemi da cui sono afflitti. Tutti tentano di essere pazienti, di "portare pazienza", ma serbano cattive intenzioni nel cuore.

Anche a noi può capitare di "portare pazienza" ma nel modo sbagliato, perché, spesso, evitiamo di ammettere che nel nostro cuore è ancora presente tanta carnalità. Esaminiamo noi stessi, scoviamo la concupiscenza che ancora regna nel nostro cuore, ammettiamo di aver allevato cattiveria e menzogna. Infatti, se in noi non avessimo della malvagità, se nel nostro cuore vi fossero solo amore, perdono e comprensione, la pazienza non sarebbe necessaria. Il Signore, però, ci chiede di essere pazienti nell'estirpare dal cuore la malvagità, in quanto solo attraverso pazienza e verità sarà possibile sostituire la nostra natura peccaminosa, l'odio e la rabbia, con bontà e verità.

Produrre il pieno frutto della pazienza

La pazienza simbolizzata dal berillio è talmente paziente che "la pazienza non è necessaria". Dio, che è immensamente buono, infatti, non ha bisogno di essere paziente, e, quando la Bibbia scrive che Egli è paziente con noi, lo fa per aiutarci a comprendere questo concetto di pazienza spirituale. Maggiore la pazienza di cui abbiamo bisogno, maggiore è la malvagità presente nel nostro cuore. Quando il frutto della pazienza sarà completo in noi, nulla ci farà più scappare la pazienza, e questo ci renderà inimmaginabilmente felici.

I contadini sanno che per il raccolto abbondante bisogna

avere pazienza, anche noi, quindi, portiamo il frutto della pazienza con costanza e perseveranza per entrare nella Nuova Gerusalemme.

Topazio: Bontà

Il nono fondamento delle mura di Gerusalemme, è il Topazio, una pietra trasparente, di colore arancione/rosso che simboleggia la bontà. La bontà appartiene al cuore sincero che si è liberato da ogni genere di malvagità per cercare la bellezza dello Spirito Santo, come il cuore di Cristo che senza gridare e senza discussioni di alcun tipo agisce sempre per il bene.

Ecco perché il topazio simboleggia la bontà, perché riflette una luce morbida e pura, come quella che il nostro cuore deve emanare.

La bontà che scaturisce dal cuore puro

Secondo il dizionario italiano, questa è la definizione di bontà*:

Essere buono; carattere buono; amore del bene

Buona disposizione d'animo verso gli altri; cortesia

Qualità eccellente; efficacia

Buon sapore, gusto gradevole

E poi, lo stesso dizionario definisce così puro*:

Si dice di materia che non è mescolata ad altre sostanze che ne mutino le caratteristiche o ne diminuiscano i pregi.

Non contaminato da colpe o da peccati

Semplice, netto

(* definizioni tratte da www.dizionario-italiano.it)

La Bibbia è piena di esempi di persone dal cuore puro: Abrahamo, Giobbe, Naaman. Anche oggi tendiamo a definire le persone "buone" come "pure", sebbene ora come ora è veramente difficile trovare questa virtù perché il mondo è così ripieno di peccato che di purezza ne è rimasta ben poca ed ingannare il prossimo è diventata una pratica comune.

Ciononostante, i puri di cuore, i virtuosi, ci sono, e le loro azioni sono pulite, i loro pensieri non sono malvagi e la loro vita è limpida. Secondo voi è possibile definire "virtuoso" qualcuno che punta il dito accusando un altro e insultandolo con brutte parole piene di rabbia? Certamente no.

Filippesi 2:14-15 ci esorta così: *"Fate ogni cosa senza mormorii e senza dispute, perché siate irreprensibili e integri, figli di Dio senza biasimo in mezzo a una generazione storta e perversa, nella quale risplendete come astri nel mondo."* I puri di cuore non polemizzano, non discutono, non mormorano, anche quando affrontando degli ostacoli, e, di certo, non ricambiano il male con il male. Pensano sempre il bene ed accettano ogni cosa con autocontrollo.

Coscienza e bontà spirituale

Gli standard delle persone vanno formandosi attraverso quello vedono, sentono, e che gli è stato insegnato fin dalla nascita. Noi chiamiamo questo insieme di cognizioni "coscienza.". Nello stesso modo, anche le persone spirituali hanno agiscono all'interno di un format di comportamento come risultato della conoscenza dello Spirito Santo, la "bontà spirituale." Noi dobbiamo essere capaci di distinguere la coscienza, che è carnale, e la bontà, che è una virtù spirituale. Quante volte ti sei chiesto "Come mai non sono benedetto, eppure sono così buono...". Se è così, considera bene le tue azioni, forse sono solo iil frutto di una "bontà carnale" e quindi il risultato dei tuoi standard di comportamento personale.

Prima di conoscere Gesù Cristo, mi chiamavano "l'uomo senza legge", il che fu motivo di grande vergogna per me una volta salvato, perché mi sono reso conto che i miei standard di bontà non erano certo la vera bontà. Nel confrontarmi con la verità, mi resi conto che la maggior parte delle cose che pensavo, vedevo, udivo e dicevo erano di natura malvagia e perfino la mia coscienza, che io credevo essere a posto, non lo era affatto.

La coscienza di ognuno è diversa, ma egualmente mancante, perché l'unico standard di bontà è la verità.

La bontà di Gesù

Matteo 12:19-20 ci offre uno sguardo sulla bontà di Gesù:

> *"Egli non disputerà e non griderà e nessuno udirà la sua voce per le piazze. Egli non frantumerà la canna rotta e non spegnerà il lucignolo fumante, finché non abbia fatto trionfare la giustizia."*

La frase finale di questo verso, "finché non abbia fatto trionfare la giustizia", enfatizza la bontà di Gesù attraverso l'intero processo — dalla crocifissione alla resurrezione — che ci ha permesso di avere grazia e salvezza.

Gesù non ha mai offeso nessuno e non mai ha bisticciato con qualcuno, al contrario, ha sempre accettato tutto con sapienza e parole di verità, peculiarità che accompagnano la bontà spirituale, sebbene la sua vita sia stata costellata da situazioni difficili e pressoché inaccettabili. Gesù non ha neanche confrontato o controbattuto a quelli che volevano ucciderlo nel tentativo di provare la sua innocenza! Ha riposto tutto nelle mani di Dio, compiendo ogni cosa con bontà spirituale accompagnata da sapienza.

Come fare per acquisire la vera bontà

"Perciò, fratelli miei carissimi, sia ogni uomo pronto ad ascoltare, lento a parlare e lento all'ira, perché l'ira dell'uomo non promuove la giustizia di Dio." (Giacomo 1:19-20).

Riuscite a comprendere l'importanza della bontà spirituale nel compiere la giustizia di Dio? L'ira è l'esatto contrario della bontà, e adirarsi è ingiusto e indisponente.

Gesù agì con bontà perché era la mitezza in persona, ed anche per questo, i suoi nemici, gli uomini gelosi di lui, lo calunniarono agendo malvagiamente nei suoi confronti. A dispetto di tutto ciò, Gesù non intavolò mai una volta una discussione, neanche cautamente, cercando di far capire ai suoi nemici che si sbagliavano. Se sorgeva questa possibilità Gesù si allontanava, agendo sempre in pace.

Così spesso oggi vediamo persone urlarsi contro insulti se le cose non sono o non vanno come avrebbero voluto. Genitori che feriscono duramente i sentimenti dei figli, vicini di casa che si oltraggiano per un nulla.

Da quando sono pastore, molti tra i ministri che lavorano nella mia chiesa hanno compiuto errori, a volte imperdonabili. Io sono sempre stato paziente, e ho pregato per loro, perché avvenisse un cambiamento, e il risultato di questo mio comportamento è che oggi, tutti questi ministri sono pastori competenti, dei lavoratori che operano per l'avanzamento del Regno di Dio con immensa passione.

Il buon samaritano

L'esempio perfetto della bontà di cuore è nella parabola del buon samaritano, come descritta da Luca 10:25-37:

> *"Allora ecco, un certo dottore della legge si levò per metterlo alla prova e disse: «Maestro, che devo fare per ereditare la vita eterna?». Ed egli disse: «Che cosa sta scritto nella legge? Come leggi?». E quegli, rispondendo, disse: «Ama a il Signore Dio tuo con tutto il tuo cuore, con tutta la tua anima, con tutta la tua forza e con tutta la tua mente, e il prossimo tuo come te stesso». Ed egli gli disse: «Hai risposto*

esattamente; fa' questo e vivrai» Ma egli, volendo giustificarsi, disse a Gesù: «E chi è il mio prossimo?».

Gesù allora rispose e disse: «Un uomo scendeva da Gerusalemme a Gerico e cadde nelle mani dei ladroni i quali, dopo averlo spogliato e coperto di ferite, se ne andarono lasciandolo mezzo morto. Per caso un sacerdote scendeva per quella stessa strada e, veduto quell'uomo, passò oltre, dall'altra parte. Similmente anche un levita si trovò a passare da quel luogo, lo vide e passò oltre, dall'altra parte. Ma un Samaritano che era in viaggio, passò accanto a lui, lo vide e ne ebbe compassione. E, accostatosi, fasciò le sue piaghe, versandovi sopra olio e vino, poi lo mise sulla propria cavalcatura, lo portò a una locanda e si prese cura di lui. E il giorno dopo, prima di partire, prese due denari, e li diede al locandiere, dicendogli: "Prenditi cura di lui e tutto quello che spenderai in più, te lo renderò al mio ritorno". Quale dunque di questi tre ti pare sia stato il prossimo di colui che cadde nelle mani dei ladroni?». E quello disse: «Colui che usò misericordia verso di lui». Gesù allora gli disse: «Va' e fa' lo stesso anche tu»."

Il sacerdote, il levita o il samaritano? Chi è il prossimo, chi ha un cuore ripieno d'amore? Il samaritano, è lui il prossimo dell'uomo derubato, l'unico che ebbe bontà di cuore, che scelse di comportarsi correttamente, sebbene fosse un gentile, un abitante della Samaria, un mal considerato quindi. Similmente, quando vedi quelli che non possono darti alcun aiuto perché deboli ed ammalati, la vera bontà ti dice di non trascurarli, di non "passare oltre", ma di amarli e prenderti cura di loro.

La prima ragione della nostra mancanza di bontà

Marco 14:37-38 ci spiega perché non possiamo compiere la bontà di cuore da soli, sebbene sappiamo che dovremmo.

> *"Quindi, tornato indietro, trovò i discepoli che dormivano e disse a Pietro: «Simone, dormi? Non hai avuto la forza di vegliare una sola ora? Vegliate e pregate per non entrare in tentazione, certo lo spirito è pronto, ma la carne è debole»."*

Siamo tenuti ad avere una mente pronta per pregare continuamente, dato che la preghiera è il respiro del nostro spirito, però spesso non ci riusciamo perché il nostro corpo è debole, e con questo termine qui l'evangelista non si riferisce alla debolezza fisica, ma alla concupiscenza, ai pensieri carnali che ci impediscono di agire secondo bontà.

Ecco perché non possiamo operare con mansuetudine, perché la carne è debole, sebbene lo spirito sia pronto. In pratica, vale a dire che in noi resiste ancora la natura peccaminosa.

Cosa fare allora? Come acquisire la bontà di cuore ed entrare nella Nuova Gerusalemme? Il Signore ci mostra la strada in Filippesi 4:8-9:

> *"Quanto al rimanente, fratelli, tutte le cose che sono*

veraci, tutte le cose che sono oneste, tutte le cose che sono giuste, tutte le cose che sono pure, tutte le cose che sono amabili, tutte le cose che sono di buona fama, se vi è qualche virtù e se vi è qualche lode, pensate a queste cose. Quelle cose che avete imparato, ricevuto e udito da me e veduto in me, fatele, e il Dio della pace sarà con voi."

Se praticassimo veramente tutto ciò che abbiamo imparato, ricevuto, udito e visto dal Signore, nulla sarebbe impossibile perché "l'Iddio della pace" allora sarebbe con noi e con le nostre azioni potremmo finalmente dire di glorificare il Padre come ha fatto Gesù.

Per acquisire e compiere la bontà di cuore occorre pregare e mantenere una buona attitudine in ogni circostanza, proprio come fece Gesù, senza mai lamentarci o discutere. Infine, è necessario portare a termine la perfezione con un aspetto pulito, parole veritiere ed azioni devote, mettendo a morte i misfatti del corpo con l'aiuto dello Spirito Santo.

Crisopazio: Autocontrollo

Siamo arrivati al decimo fondamento della Città Santa: il Crisopazio, la più costosa e rara tra le varietà di calcedonio (o quarzo), è semitrasparente, dai toni verde scuro e, molti secoli fa, le donne coreane la consideravano una gemma preziosissima, anche perché nel nostro paese ha il significato castità e purezza.

Spiritualmente, cosa simbolizza il crisopazio? L'autocontrollo, che è anche uno dei nove frutti dello Spirito Santo. Nel Signore dobbiamo abbondare in ogni cosa, certo, però attraverso l'autocontrollo, ogni cosa diviene meravigliosa.

L'autocontrollo per giungere alla perfezione

Tito 1:7-9, parla delle caratteristiche che un vescovo di chiesa dovrebbe avere, ed una di queste è proprio la padronanza di sé, ovvero, l'autocontrollo. Immaginate, infatti, cosa potrebbe succedere se una persona priva di autocontrollo fosse vescovo, cosa combinerebbe a motivo della sua vita incontrollabile?

In qualsiasi cosa che facciamo per e nel Signore, dobbiamo essere in grado di discernere la verità dalla menzogna, seguendo la volontà dello Spirito Santo con autocontrollo. Se siamo capaci di udire la voce dello Spirito Santo, saremo anche prosperi in ogni cosa, proprio perché abbiamo autocontrollo. Se così non è, infatti, le cose si complicano e vanno male, e potrebbero capitarci incidenti, sia naturali che provocati da mano umana, disastri e simili.

Ecco perché il frutto dell'autocontrollo è così importante, perchè è necessario per il raggiungimento della nostra perfezione in Cristo. Tutto inizia con il frutto dell'amore, se lo produciamo, allora portiamo anche gioia, pace, pazienza, gentilezza, bontà, fedeltà e benevolenza, ed il completamento di queste virtù è l'autocontrollo.

L'autocontrollo è paragonabile agli sfinteri del nostro corpo: di dimensioni piccole ma con un ruolo decisivo per la nostra esistenza. Immaginate se perdessimo la forza di contrarre, le deiezioni non potrebbero essere controllate e sporcizia ed indecenza sarebbero ovunque.

Allo stesso identico modo, se perdiamo il controllo di noi stessi, tutto ciò che ci circonda si trasforma in sporcizia e confusione. Considerate il motivo per cui molte persone non vivono nella verità: è perché non sono in grado di controllarsi. A motivo di ciò incontrano problemi di varia natura e non sono amati da Dio. Infatti, se non riusciamo a controllare il nostro fisico, finiremo per compiere azioni sbagliate, illegali, come mangiare quanto e ogni cosa che vogliamo, bere senza sosta, vivere senza ordine.

Ecco perché il crisopazio, che è il decimo fondamento della Nuova Gerusalemme è così importante, infatti, senza autocontrollo non possiamo raggiungere la perfezione e, di conseguenza, non dimoreremo nella Città Santa.

Giacinto: Purezza e Santità

La Nuova Gerusalemme ha 12 fondamenta, e la penultima è il giacinto, una gemma trasparente, bluastra, che rappresenta la purezza, la santità. Come possiamo leggere in Matteo 5:8, Gesù dichiara: *"Beati i puri di cuore, perché vedranno Dio."* Da questo deduciamo che senza avere un cuore puro, difficilmente vedremo l'Eterno.

Il testo, nel parlare di purezza, si riferisce allo stato in cui un'anima è priva di qualsiasi peccato, macchia o segno, e, nel dire vedere Dio, intende sperimentarlo nella vita di tutti i giorni.

Ma qual è l'uomo puro di cuore? E noi, possiamo raggiungere la purezza del cuore?

Un cuore puro agli occhi di Dio

Il motivo per cui soltanto quelli con il cuore puro possono vedere Dio è perché Egli comunica solo con coloro che conoscono la verità, comprendono il suo volere e agiscono di conseguenza.

Ecco perché per raggiungere la purezza del cuore è necessario conoscere il significato profondo e spirituale della Parola di Dio, la Bibbia, e agire secondo quanto leggiamo, completamente. Vale a dire che non devi agire parzialmente, seguendo solo le parti che trovi più semplici, ma praticare l'intera Parola di Dio, completamente secondo la verità, indossando la piena armatura di Dio. (Efesini 6:13-17). In altre parole, solo quando la Parola di Dio è interamente compiuta nel tuo cuore, allora questo è puro, non di certo perché all'apparenza abbiamo una parvenza di purezza! Dio non guarda l'apparenza esterna ma profondamente, al cuore intimo dell'uomo. Solo l'uomo che è puro agli occhi di Dio, possiede un cuore senza macchia, mansueto, vero ed onesto. Le azioni e le parole di quest'uomo saranno sante, perché il suo cuore è santo.

Dio usa coloro che sono puri

2 Timoteo 2:20-21 ci ricorda che l'uomo dal cuore puro è quello che il Signore userà per i suoi nobili propositi:

"In una grande casa non ci sono soltanto vasi d'oro

e d'argento, ma anche vasi di legno e di terra; e gli uni sono destinati a un uso nobile e gli altri a un uso ignobile. Se dunque uno si conserva puro da quelle cose, sarà un vaso nobile, santificato, utile al servizio del padrone, preparato per ogni opera buona."

Dio si compiace nel cuore puro e dona forza e benedizioni a coloro che lo possiedono in modo che siano vasi ad uso nobile.

Ecco perché ti esorto, cerca la purezza del cuore, come simbolizzata dal giacinto, l'undicesimo fondamento della Nuova Gerusalemme, per godere così delle tante benedizioni che Dio ha preparato per te.

Ametista: Bellezza e Benevolenza

Il dodicesimo ed ultimo fondamento delle mura della Nuova Gerusalemme è un quarzo dal colore cangiante lilla-viola scuro, generalmente trasparente: l'ametista. Per molti tempo, e in svariate culture antiche, questa pietra è stata oggetto di culto.

Spiritualmente, l'ametista simboleggia l'umiltà e la mansuetudine, in riferimento alla mitezza, alla gentilezza, quella capacità di abbracciare chiunque. Quelli con un cuore mite ed umile, infatti, non procurano mai né danno né sconforto a nessuno. Ad esempio, un marito dal cuore mite e gentile tollererà tutti i membri della sua famiglia e sua moglie lo rispetterà e lo amerà grandemente.

Se anche la coniuge ha un cuore mite e dolce, nei confronti di suo marito sarà moglie, sorella, madre ed amica e la loro relazione si presenterà di certo soddisfacente e felice.

L'uomo (o la donna) dal cuore umile non offende nessuno, al contrario, è un luogo di riposo per il suo prossimo in quanto provvede sempre conforto per gli altri. Questo è particolarmente gradevole agli occhi di Dio.

Benevolenza carnale e umiltà spirituale a confronto

La benevolenza spirituale si contraddistingue dalla carnale perché è dolce, tenera, virtuosa. Un uomo che ha questa benevolenza è veritiero ma non giudica, non condanna, comprende, perdona ed abbraccia con calore il suo prossimo, non è mai di ostacolo alla vita degli altri, anzi, dona la sua vita, non pensa al male nell'ascoltare quello che gli altri dicono, e, mai si lamenta. Ecco la descrizione di un uomo dal cuore meraviglioso.

Vedete, non importa quanto siamo umili, se non abbiamo passione e fedeltà per l'opera di Dio, allora la nostra benevolenza è carnale. Se siamo spiritualmente umili, il nostro amore proviene da Dio ed è per questo che possiamo essere anche appassionati e fedeli.

Numeri 12 svela il motivo per cui Dio amava Mosè così tanto: per la sua umiltà, si dice, infatti, che il patriarca fosse più umile di chiunque altro sulla faccia della terra.

Dio si compiace grandemente, quando i suoi figli producono il frutto della benevolenza, ed il Diavolo, invece, li teme, e fugge da loro.

Un esempio tratto dalla storia cinese

Si racconta di due uomini, vissuti durante il periodo dell'antica dinastia cinese Qi, Guan Zhong e Bao Shu Ya, amici sin dall'infanzia, legati da un vincolo profondo. Bao Shu Ya era cosciente che Guan Zhong fosse più saggio è più astuto di lui, e malgrado lo avesse imbrogliato diverse volte, Bao Shu Ya non ne fece mai parola con nessuno.

Era il periodo dei principi Jau e So Huan e Guan Zhong era al servizio del primo mentre Boa Shu Ya del secondo. Ci fu una rivolta nella dinastia ed il re morì, così, i due principi si fecero guerra per conquistare il trono, finchè il principe Jau in battaglia morì e Guan Zhong, quello più furbo dei amici, fu arrestato.

Ora, Bao Shu Ya fece di tutto per raccomandare il suo amico, Guan Zhong appunto, al re So Huan, in modo che fosse preso al suo servizio, sebbene l'ex principe avrebbe voluto ucciderlo perché nella guerra era stato dalla parte del suo nemico. Bao Shu Ya, però, ben sapendo che le competenze, la saggezza, l'arguzia di Guan Zhong avrebbero giovato al regno di So Huan, e insistette fino a che al suo amico saggio furono affidati gli affari politici della dinastia. Il regno di So Huan fu prospero, lungo e pacifico, anche grazie alla sapienza di Guan Zhong.

Stimare l'altro migliore di sé con un cuore umile

Grazie al suo cuore umile, Bao Shu Ya, fece di tutto per aiutare ed innalzare Guan Zhong, il suo amico saggio, e a motivo della sua mansuetudine la dinastia cinese Qi ebbe un lunghissimo regno. Bao Shu Ya sapeva che nell'eventualità che il suo amico fosse stato ammesso a corte avrebbe rivestito una posizione migliore e più importante della sua, ma questo rientrava nell'interesse dell'intera nazione.

Considera il tuo cuore ora. Com'è? Bao Shu Ya è un esempio pratico di un cuore mite, come quello di Gesù. Solo quanto il nostro cuore è benevolo possiamo comportarci secondo umiltà, senza lamentarci, perché più nulla ci offende. Ecco perché Filippesi 2:3 dice così: *"Non fate nulla per spirito di parte o per vanagloria, ma ciascuno, con umiltà, stimi gli altri superiori a sé stesso."*

Lo ripeto, se il tuo cuore è così umile da considerare l'altro migliore di te, non ci sarà nulla per cui ti sentirai offeso, ferito o malcompreso. Al contrario, ti sarà semplice servire il tuo prossimo, cercare l'altrui beneficio piuttosto che il tuo, innalzando le persone che ti circondano.

Questo cuore è proprio quel terreno fertile di cui si parla nella parabola, e, ti assicuro che, se sei mansueto, vivrai un'esistenza felice, farai felici le persone della tua vita e di certo, il Signore ti amerà e si compiacerà in te.

Ecco perché ti esorto, abbi un cuore somigliante a quello di Gesù, umile e bendisposto. Sarai grandemente amato da Dio e la tua pace sarà genuina.

I mansueti erediteranno la terra celeste

In Matteo 5:5 Gesù parla della benedizione che aspetta i mansueti: l'eredità della terra celeste:

"Benedetti i mansueti, perché erediteranno la terra."

Cosa significa però questo verso realmente? Innanzi tutto che quelli dal cuore mite possono assomigliare al Signore in quanto il loro cuore non è "aggressivo", mentre quelli il cui cuore non ancora mansueto combattono contro il peccato che risiede in loro e non sempre avanzano, a volte, nell'affrontare le prove, addirittura cadono.

I credenti dal cuore mite avanzano nella fede più velocemente perché non si trovano costretti a combattere contro tutti quegli attributi negativi tipici di chi non è propriamente benevolo. E c'è di più. I mansueti conquistano il cuore di molte persone, si fanno amare, naturalmente, e questo, vuol dire autorità. Il Signore, infatti, dona autorità spirituale proprio alle persone con questo tipo di gentilezza che procede da un cuore mite, innalzandole. In ogni caso, non tutti i mansueti dimoreranno nella Nuova Gerusalemme, di certo però, erediteranno un grande appezzamento di terra nel cielo.

Un neonato sembra mite perché la sua natura peccaminosa non si è ancora manifestata, ma crescendo, questa pian piano si rivela.

Spesso, nonostante la gentilezza che mostriamo esteriormente, restiamo feriti nei sentimenti in tante situazioni, e questo perché siamo ancora lontani dalla mansuetudine spirituale, che si raggiunge solo dopo l'aver gettato via ogni malvagità dal cuore. Solo allora somiglieremo al Signore il cui cuore non è aggressivo ma mansueto.

Come? Come fare? Meditando ogni giorno sulla Parola di Dio e compiendo ogni cosa che facciamo – ridere, camminare, parlare, lavorare – con bontà gentilezza, senza far troppo rumore. Non offendiamo nessuno, e non sentiamoci mai offesi, né affaticati nel cuore a motivo delle circostanze o delle persone che incontriamo durante il giorno.

Spero che anche tu sia amato, accudito e curato teneramente da Dio come lo fu Mosè, l'uomo dal cuore più mite della terra.

Dopo aver analizzato il significato spirituale di tutte le 12 gemme che compongono i fondamenti della Nuova Gerusalemme, è chiaro di fronte ai nostri occhi che l'insieme delle pietre preziose rappresenta il culmine dell'amore, vale a dire il cuore di Gesù Cristo e il cuore di Dio. Il Signore completò la legge tramite l'amore ed i colori di questo amore divino sono molti e si esprimo attraverso le tonalità di ognuna delle 12 pietre.

Il significato profondo delle dodici fondamenta, che rappresentano, come abbiamo appena detto, l'amore perfetto di Dio, può essere anche espresso attraverso la combinazione delle beatitudini di Matteo 5, l'amore spirituale di 1 Corinzi 13 ed i nove frutti dello Spirito Santo di Galati 5.

Praticare le virtù rappresentate dalle 12 fondamenta condurrà il credente ad avere lo stesso cuore di Gesù e per questo, di certo, avrà accesso alla Nuova Gerusalemme, e la sua casa sarà splendente e' magnifica, decorata con le 12 pietre e altri ornamenti dalla bellezza indescrivibile. La Nuova Gerusalemme è così meravigliosa, immensa, magnifica, proprio perché il cuore di quanti vi risiedono splende di una luce preziosa.

Prego nel nome del nostro Signore Gesù Cristo che tu possa avere il Suo cuore così da abitare per sempre nella Nuova

Gerusalemme, che il Creatore ha fondato su 12 fondamenta e costruito per te, immensa, magnifica, meravigliosa!

Capitolo 6

Le dodici porte di perla
e le strade d'oro puro

E le dodici porte erano dodici perle; ciascuna delle porte
era fatta di una sola perla; e la piazza della città era di
oro puro, come di cristallo trasparente.

- Apocalisse 21:21

La Nuova Gerusalemme ha dodici cancelli, tre sul lato nord, tre sul lato sud e tre rispettivamente ad est e ad ovest. Un angelo enorme protegge ogni cancello. La vista della città esprime immediatamente la sua magnificenza e la sua autorità. Ogni porta, è a forma di arco ed è così imponente e grande che quasi sembra non avere fine, ma, la cosa veramente spettacolare è questa: ogni ingresso è stato realizzato con una sola gigantesca perla.

Per aprirsi scivola da entrambi i lati, la maniglia d'oro e di pietre preziose, si apre automaticamente, senza bisogno che qualcuno la giri.

Dio ha costituito dodici cancelli di perla e le strade della città sono di oro puro, tutto per i suoi figli adorati. Riuscite ad immaginare quanto meravigliosa e sfarzosa sia questa Città?

Prima di approfondire il tema delle strutture e dei vari

luoghi della Nuova Gerusalemme, vorrei fare qualche altra considerazione sui cancelli di perla e sulle strade dorate.

Le dodici porte di perla

Apocalisse 21:21: *"E le dodici porte erano dodici perle; ciascuna delle porte era fatta di una sola perla; e la piazza della città era di oro puro, come di cristallo trasparente."*

Mi sono chiesto come mai tutte queste pietre preziose, tutte queste perle nella Nuova Gerusalemme. Sarebbe stato ancora più ricercato e prezioso decorare ogni porta con un gioiello diverso, visto che ce ne sono 12, ma perché Dio ha decorato ogni cancello con una gigantesca perla?

A differenza degli altri gioielli, le perle contengono un particolare valore intrinseco in quanto la loro produzione è il risultato di un processo molto doloroso, da qui il loro caratteristico significato spirituale.

La conchiglia e la generazione della sua perla

La perla è un gioiello organico che ha origine nel mare. In realtà, di gioielli organici ce ne sono due in natura, l'altro è il corallo. La perla, forse a motivo della sua origine così peculiare, è stato oggetto di culto presso molti popoli, anche perché appena colta e non ancora raffinata, emana sempre una gran lucentezza. Lo sapete come si producono le perle?

La perla è prodotta dall'ostrica attraverso un processo molto peculiare, si forma nella parte interna della conchiglia come un grumo, una sostanza di scarico prodotta dall'ostrica stessa. Questo materiale è molto lucente, e prende la forma di una simil-sfera che consiste principalmente di calcio carbonato. In pratica succede questo: se e quando una sostanza estranea entra nella carne del guscio dell'ostrica, questa patisce un grande dolore, come quello di un ago molto appuntito. Il guscio lotta contro la sostanza estranea, producendo proprio la sostanza di scarico, ed il dolore dell'ostrica aumenta tremendamente fino a quando la materia di scarico prodotta dal guscio ricopre più e più volte la sostanza estranea, il grumo si calcifica e viene prodotta la perla.

In commercio si trovano due tipi di perle: naturali e coltivate. Il processo di produzione della perla, infatti, è stato ampiamente compreso dagli uomini. Funziona così: si coltivano delle perle in acqua e si inserisce all'interno un materiale esterno ed artificiali così che la conchiglia è forzata a produrre la sostanza di scarico e quindi la perla. Le perle coltivate possono sembrare simili alle perle naturali, ma valgono molto di meno, perché gli strati perlati sono parecchio più sottili.

Tenacia

Come la conchiglia che produce la perla nel combattere le sostanze estranee, sopportando un enorme dolore, anche i figli di Dio attraversano uno sviluppo doloroso nel tentativo di restaurare l'immagine divina che è stata persa, al termine di questo corso la fede dei credenti è come oro puro. Nella Nuova Gerusalemme si può entrare solo dopo aver superato questo processo sulla terra.

Vincere le prove con la fede

Per attraversare i cancelli della Nuova Gerusalemme è necessario che la nostra fede sia pura come l'oro, e, questo genere di fede non ci viene regalata, ma cresce in noi man mano che superiamo le prove e che vinciamo sulle difficoltà per fede. Il risultato, o meglio, il premio che riceviamo dopo aver vinto, come la conchiglia che dopo il dolore produce la perla, è una fede pura come l'oro. Non è affatto semplice prevalere con la fede perché il nemico non vuole e fa di tutto, ma proprio di tutto, per impedirci di conquistare la fede come l'oro. Fino a quando non saremo ancora saldi sulla roccia della fede, avremo sempre l'impressione che la via per il cielo sia difficile e dolorosa dovendo affrontare tutte queste battaglie contro Satana. Tuttavia, possiamo vincere attraverso grazia e forza divina e l'aiuto dello Spirito Santo che sempre ci guida. Poi, quando i nostri piedi saranno saldi sulla roccia della fede, non solo superare le difficoltà non sarà più così difficile, ma invece di soffrire, gioiremo.

I monaci buddisti si colpiscono mettendo in "schiavitù" il proprio corpo, praticano la meditazione massicciamente in modo da liberarsi dalle "cose del mondo". Alcuni, addirittura, rimangono in meditazione e praticano l'ascetismo per decenni e, quando muoiono, dai loro resti viene recuperato un oggetto simile ad una perla che si forma dopo molti anni di resistenza e auto-controllo.

Come potremmo sopportare il dolore e come controllare la concupiscenza del corpo da ed i piaceri terreni con le nostre sole forze? Infatti, non potremmo. Soltanto i figli di Dio possono, e anche velocemente, attraverso grazia e forza divine e l'aiuto dello Spirito Santo.

Siamo perfettamente in grado di vincere e superare ogni difficoltà con l'aiuto di Dio, corriamo dunque la corsa spirituale, perché ci aspetta il cielo!

I figli di Dio, quelli che hanno la fede pura come l'oro, sopportano e superano con gioia e gratitudine ogni difficoltà, perché sanno che presto riceveranno ogni benedizione.

Perché i dodici cancelli sono di perla?

Perché una perla si formi occorre molto tempo, e, non sarà mai di dimensioni superiori alla conchiglia che l'ha prodotta, ma in cielo è tutto diverso, Egli può formare una perla in un instante per la sua potenza. Inoltre, le perle del cielo possono avere qualsiasi dimensione e la loro bellezza è incomparabile rispetto a quelle della terra.

Anche voi, come me, a questo punto vi starete chiedendo perché con tante pietre preziose a disposizione, Dio ha fatto i cancelli del cielo proprio di perla.

Il cancello d'entrata di un edificio, o il portone, ha un'importanza determinante, in quanto, indipendentemente dall'immobile, senza porta, non si entra. I cancelli della Nuova Gerusalemme sono del materiale giusto perché rivestono un'importanza particolare.

Come ho appena spiegato, le perle sono preziose in relazione al processo che ne permette la produzione. Come l'ostrica sopporta il dolore che comporta la produzione della perla, anche noi dobbiamo sopportare e vincere un grande dolore per entrare nella Nuova Gerusalemme. Infatti, supereremo questi cancelli perlati solo vincendo la battaglia della fede, ecco perchè le porte della Città Santa sono così.

Ebrei 12:4 ci dice che *"Voi non avete ancora resistito fino al sangue, combattendo contro il peccato",* come anche la seconda metà di Apocalisse 2:10 ci esorta così: *"Sii fedele fino alla morte e ti darò la corona della vita".*

La Bibbia lo dice, per entrare nella Nuova Gerusalemme, il posto più bello del regno dei cieli, dobbiamo resistere il male, liberarci di ogni peccato ed essere fedeli fino alla morte, compiendo il nostro dovere. Questo processo forse vi sembrerà troppo difficile se non si è ancora stabili sulla roccia della fede, ma i figli di Dio, perché credono il Lui e nel regno dei cieli, sanno gioire in ogni circostanza, rendendo grazie. Solo così si vince la battaglia: *"Siate sempre allegri. Non cessate mai di pregare. In ogni cosa rendete grazie, perché tale è la volontà di Dio in Cristo Gesù verso di voi."* (1 Tessalonicesi 5:16-18).

Anche noi, sforziamoci di attraversare le 12 porte di perla della Nuova Gerusalemme, guadagnando la vittoria per fede ed in preghiera.

12 cancelli sono per i vincitori

TLe porte di perla della Nuova Gerusalemme sono l'arco di trionfo dei vincitori della fede, come i monumenti dell'antichità eretti in onore dei comandanti vincitori che ritornavano a casa dopo aver conseguito una battaglia o la guerra.

Gli archi di trionfo erano edificati per dare il benvenuto e onorare i soldati vincitori e il loro comandante, di ritorno dalle azioni di guerra. Spesso, inoltre, all'arco monumentale era dato il nome dell'eroico capitano, il quale attraversava trionfante l'arco su un carro donato dal re, evento a cui assisteva tutto il popolo in piena acclamazione.

La sfilata della vittoria proseguiva in genere verso la sala delle celebrazioni del palazzo reale, dove c'erano canti, acclamazioni e un ricco banchetto. Il comandante scendeva dal carro dei vincitori, si inchinava di fronte al re, il quale gli si avvicinava rialzandolo e lodandolo per le vittorie conseguite, conferendogli autorità, ricchezze, onori e regali. L'esercito e il capitano poi, prendevano parte al banchetto, ai canti e alle danze.

Se l'autorità conferita ad un comandante terreno era così grande, riuscite ad immaginare quanto più ricca e più grande sarà quella di quanti attraverseranno i cancelli della Nuova Gerusalemme? Essi saranno amati e confortati dal Padre e dimoreranno per sempre nella gloria. Attraversando quei cancelli costituti da una sola perla, si ricorderanno del cammino di fede intrapreso, delle difficoltà, delle tentazioni superate e spargeranno lacrime di sincera e profonda gratitudine.

La grandiosità dei dodici cancelli di perla

Nei cieli, nessuno dimentica il passato, anche dopo molto tempo, perché il cielo è parte del mondo spirituale, infatti, a volte i credenti parlano con nostalgia ricordandosi della terra.

Proprio perché saremo in grado di conservare la nostra

memoria, attraversare i cancelli di perla della Nuova Gerusalemme sarà fonte di grande commozione, nel pensare alle prove che abbiamo sostenuto, alle tentazioni che abbiamo superato e al nemico che abbiamo vinto, e che finalmente, siamo arrivati! Tutto questo sarà motivo di immensa gratitudine verso il Padre, per il suo amore e la sua provvidenza, ma anche verso tutti quei fratelli che ci sono stati vicino aiutandoci nella corsa verso questo posto magnifico chiamato Nuova Gerusalemme.

Qui, sulla terra, se siamo grati verso qualcuno, con il passare del tempo il livello del ricordo e della conseguente gratitudine diminuisce, ma in cielo, non essendoci falsità, la riconoscenza delle persone, la gioia e l'amore crescono con lo snodarsi dei giorni.

Ogni volta che un residente della Città Santa guarda ai cancelli di perla la sua gratitudine verso l'amore di Dio e di quanti lo hanno aiutato nel cammino cresce.

Personalmente, sono molto grato verso tutti coloro che mi hanno predicato il vangelo e che nel corso degli anni mi hanno mostrato grazia. Oggi sono quello che sono grazie a loro, e per questo, non smetto di essergli riconoscente, e la mia gratitudine verso quanti mi hanno aiutato nel mio cammino cristiano aumenta ogni giorno.

Le strade d'oro puro

La Città Santa è piena della gloria di Dio, di pace celeste, di angelica lode e di profumo di fiori. Nell'entrare nella Nuova

Gerusalemme la gioia diventa indescrivibile, ci si sente rapiti in estasi.

Abbiamo finora discusso delle mura decorate con le 12 gemme e dei cancelli di perla e siamo arrivati alle strade della Gerusalemme celeste, e cosa ci dice la Bibbia? In Apocalisse 21:21 è scritto: *"E le dodici porte erano dodici perle; ciascuna delle porte era fatta di una sola perla; e la piazza della città era di oro puro, come di cristallo trasparente"*.

Gesù Cristo: la Via

Le strade sono di tanti tipi, strette, sferrate, a scorrimento veloce, in salita, in discesa e, si percorrono secondo la destinazione, per andare in cielo, però, ne esiste solo una: Gesù Cristo.

"Gesù gli disse: Io sono la via, la verità e la vita; nessuno viene al Padre se non per mezzo di me." (Giovanni 14:6).

Gesù, l'unigenito Figlio di Dio, ha aperto la strada della salvezza, morì sulla croce per tutti gli uomini, che erano destinati alla morte eterna a causa dei loro peccati, ma, resuscitò il terzo giorno. Solo credendo in Gesù Cristo, che è l'unica via verso il cielo, la salvezza e la vita eterna, anche noi acquisiamo il cielo e la salvezza, ma non solo. Accettare Gesù è l'unico modo per guadagnare la vita eterna e somigliare alla Sua natura divina.

127

Strade d'oro

Nel cielo infinito, il fiume dell'acqua della vita è costeggiato da strade che conducono al trono, su entrambi i lati. Il fiume origina proprio dal trono di Dio e dell'Agnello, scorre attraverso l'intera Città Santa e i luoghi di dimora celesti per ritornare al trono dell'Eterno.

Poi mi mostrò il fiume puro dell'acqua della vita, limpido come cristallo, che scaturiva dal trono di Dio e dell'Agnello.

"E in mezzo alla piazza della città e da una parte e dall'altra del fiume si trovava l'albero della vita, che fa dodici frutti e che porta il suo frutto ogni mese; e le foglie dell'albero sono per la guarigione delle nazioni." (Apocalisse 22:1-2).

Spiritualmente, l'acqua è il simbolo della Parola di Dio e, proprio perché attraverso essa si ottiene vita, possiamo percorre la via della vita eterna attraverso Gesù Cristo. L'Acqua della Vita scorre ed origina dal Suo trono.

Inoltre, a motivo del fatto che il Fiume dell'Acqua della Vita circonda e scorre attraverso tutto il regno dei cieli, raggiungere la Nuova Gerusalemme è relativamente semplice, basta seguire le strade dorate che costeggiano entrambi i lati del Fiume.

Il valore delle strade dorate

In realtà, tutte le strade dei vari luoghi celesti sono di oro, differiscono però, secondo i diversi luoghi di dimora, in brillantezza, purezza e bellezza.

L'oro del cielo, come quello che si trova sulla terra, è un solido, tuttavia, quando si passeggia sulle strade dorate celesti la sensazione è che si cammini su qualcosa di molto morbido. In cielo, inoltre, non esiste la sporcizia, non c'è polvere, di conseguenza nulla è esposto a deterioramento e per questo, ogni cosa resta intatta com'è. Infine, fiori meravigliosi costeggiano le strade e salutano i figli di Dio che passeggiano.

Che meraviglia, certo, ma perché Dio ha fatto le strade proprio d'oro? Per ricordarci che più puro sarà il nostro cuore, migliore sarà il nostro luogo di dimora celeste, ma anche per ricordarci della fede pura come l'oro, elemento indispensabile per avanzare verso la Nuova Gerusalemme.

Strade di fiori

Spostarsi a piedi a piedi nudi su di un prato appena tosato è ben diverso dal camminare su una strada pavimentata, così come nella Nuova Gerusalemme sarà differente passeggiare sulle strade dorate dal camminare su viali di fiori e quelli di gioielli. Non solo, anche andare a piedi in sé sarà diverso, a volte cammineremo con i nostri piedi, a volte saremo trasportati direttamente dalla potenza di Dio.

Quando parlo di strade di fiori, mi riferisco alla pavimentazione delle vie, che è proprio composta da fiori, così che vi si possa camminare, che è poi una sensazione magnifica, soffice e delicata. In cielo i boccioli non si danneggeranno perché avremo dei corpi spirituali, vale a dire, molto leggeri.

Quando i figli di Dio camminano sopra i fiori celesti, questi gioiscono ed emanano il loro profumo, aroma che è assorbito dal corpo dei credenti, che li rinfresca e li rallegra.

Strade di gioielli

In cielo le strade sono d'oro, di fiori ed anche di gioielli colorati e luminosi, e ciò che rende le gemme dei viali veramente interessanti, è che si illuminano al passaggio dei figli di Dio. Non solo, anche le pietre preziose emanano un profumo che allieta infinitamente il cuore dei credenti, donando estasi ad ogni passo, anche perché, la sensazione sarà quella di camminare sull'acqua, senza annegare però.

Le strade impreziosite non stanno in tutto il cielo, ma soltanto in determinati posti, sono una ricompensa e si trovano unicamente intorno alle case di coloro il cui cuore somiglia a quello del Signore e che hanno più contribuito al compimento della provvidenza divina nella coltivazione umana. Avete presente le strade intorno ai castelli o ai palazzi reali, sempre così ben curate ed accuratamente realizzate? Così.

Nel cielo nessuno si stanca o si annoia, perché è un mondo spirituale ed ogni oggetto, ogni dettaglio, racchiude un significato profondo, ragion per cui l'ammirazione e l'amore delle persone cresce.

Quant'è meravigliosa, com'è magnifica la Nuova Gerusalemme! L'ha preparata Dio in persona per i suoi figli più amati, e, tutti quelli che attraversano i suoi cancelli di perla, anche i credenti che dimorano in paradiso, nel primo, nel secondo o nel terzo cielo, quando vi sono invitati, gioiscono grandemente.

Riuscite ad immaginare la gratitudine e la gioia infinita di quei figli di Dio che dimoreranno nella Nuova Gerusalemme, dopo aver fedelmente seguito il Signore in ogni cosa sulla terra?

Prego nel nome del nostro Signore Gesù Cristo che tu vinca su ogni ostacolo con la fede e che tu corra verso i dodici cancelli di perla dopo aver sopportato il dolore di questo percorso.

⟨Capitolo 7⟩

Lo spettacolo incantevole

Non vidi in essa alcun tempio, perché il Signore io onnipotente e l'Agnello sono il suo tempio. E la città non ha bisogno del sole né della luna, che risplendano in lei, perché la gloria di Dio la illumina e l'Agnello è il suo luminare. E le nazioni di quelli che sono salvati cammineranno alla sua luce, e i re della terra porteranno la loro gloria ed onore in lei. Le sue porte non saranno mai chiuse durante il giorno, perché lì non vi sarà notte alcuna. In lei si porterà la gloria e l'onore delle nazioni. E nulla d'immondo e nessuno che commetta abominazione o falsità vi entrerà mai, ma soltanto quelli che sono scritti nel libro della vita dell'Agnello.

-Apocalisse 21:22-27

L'apostolo a cui lo Spirito Santo mostrò la Nuova Gerusalemme nei minimi dettagli, è Giovanni, il quale aveva desiderato molto profondamente di vedere la Città Santa e non solo dall'esterno, ma anche internamente. Finalmente la vide, ed entrò in uno stato estatico.

Anche noi potremo entrare nella Nuova Gerusalemme ed

attraversare i cancelli di perla se avremo le giuste qualifiche, ed in quel momento, le incantevoli luci della Nuova Gerusalemme avvolgeranno il nostro corpo ed in un istante ognuno sentirà l'amore di Dio. Le lacrime saranno irrefrenabili nel comprendere l'amore di Dio, del Padre, che ci ha protetto con i suoi occhi fiammeggianti, dall'amore del Figlio che ci ha perdonato con il sangue sparso alla croce, e dall'amore dello Spirito Santo che dimora nel nostro cuore che ci ha condotti ad una vita di verità. A Lui tutta la gloria e l'onore.

Osserviamo ora la Nuova Gerusalemme in dettaglio, come dal racconto dell'apostolo Giovanni.

Né sole e né luna

L'apostolo, nel vedere lo scenario della Nuova Gerusalemme riempita dalla Gloria di Dio, dichiarò quanto segue:

"E la città non ha bisogno del sole né della luna, che risplendano in lei, perché la gloria di Dio la illumina e l'Agnello è il suo luminare." (Apocalisse 21:23).

La Città Santa è ripiena della Gloria di Dio perché Lui in persona ivi regna e risiede, qui si trova l'apice del regno spirituale in cui la Trinità si è formata.

La Gloria di Dio risplende sulla Nuova Gerusalemme

La ragione per cui sulla terra Dio ha posto il sole e la luna è per contrapporre in modo chiaro la luce e le tenebre, per metterci nella condizione di riconoscere il bene dal male, lo spirito dalla carne, così che noi potessimo vivere come veri figli di Dio.

Egli sa tutto, dello spirito, della carne, del bene e del male, ma noi, umani, mere creature, non possiamo comprendere queste cose da soli.

Adamo, il primo uomo, vivendo nel giardino dell'Eden, prima della coltivazione umana, non avrebbe mai potuto conoscere il male, la morte, le tenebre, la povertà, l'infermità. Ecco perché, malgrado gli fosse stato dato tutto in abbondanza, Adamo non riusciva ad afferrare il vero significato della vita. Per conoscere la vera felicità Adamo aveva bisogno di incontrare le lacrime, il dolore, l'infermità e sperimentare la morte. Ecco, questo è in poche parole il processo che io qui definisco coltivazione umana. (Nel mio libro *"Il Messaggio della Croce"*, spiego in dettaglio questo concetto.)

In seguito, Adamo disobbedì e mangiò il frutto dell'albero della conoscenza del bene e del male, fu cacciato dal giardino e mandato sulla terra, dove iniziò a sperimentare la relatività. Solo dopo aver compreso quanto la sua vita nel giardino dell'Eden era stata felice ed abbondante, potè ringraziare Dio dal profondo del suo cuore.

I discendenti di Adamo impararono subito a distinguere la luce dalle tenebre, lo spirito dalla carne e il bene dal male, perché vivendo sulla terra le difficoltà a cui erano esposti erano molteplici. Ecco perché, dopo aver ricevuto la salvezza e una volta nei cieli, non avremmo più bisogno della luce del sole o di quella della luna.

Dio risiede e vive nella Nuova Gerusalemme, pertanto non ci sono tenebre e la sua luce la attraversa interamente illuminandola, pertanto, non c'è bisogno di nessuna forma di luce.

L'Agnello è la lampada della Nuova Gerusalemme

Giovanni non vide il sole o altre fonti di luce, perché Gesù Cristo, l'Agnello, è la lampada della Nuova Gerusalemme.

Giovanni 1: 3 dice: *"Tutte le cose sono state fatte per mezzo di lui (la Parola), e senza di lui nessuna delle cose fatte è stata fatta."* E in Giovanni 15:5 leggiamo: *"Io sono la vite, voi siete i tralci; chi dimora in me e io in lui, porta molto frutto, poiché senza di me non potete far nulla."* Attraverso Gesù Cristo ogni cosa è stata creata ed attraverso di Lui è iniziata la coltivazione umana sulla terra e sempre attraverso di Lui è stata aperta la porta della salvezza per l'umanità.

Tramite Adamo, a causa del suo peccato di disobbedienza, la razza umana era caduta nella via della morte (Romani 6:23), ma, Dio che è amore, ha mandato Gesù sulla terra per risolvere il problema del peccato. Il Figlio di Dio è disceso sulla terra sotto forma di uomo, in carne ed ossa, ha lavato i nostri peccati attraverso il suo sangue ed è diventato la primizia della resurrezione, spezzando il potere della morte.

Ne consegue che tutti quelli che accettano Gesù Cristo come loro personale Salvatore ricevono la vita, prendono parte alla resurrezione e godono della vita eterna in cielo, e non solo, durante l'esistenza terrena, ottengono anche risposte a tutte le loro preghiere.

In aggiunta a quanto appena elencato, i Figli di Dio diventano la luce del mondo perché vivono nella luce e con la loro esistenza rendono gloria a Dio attraverso Gesù Cristo. In altre parole, la loro luce brilla perché "potenziata" dalla luce del Salvatore.

L'estasi della Nuova Gerusalemme

Nell'avvicinarci alla Città Santa, già da lontano siamo in grado di vedere quanto sono meravigliosi gli edifici, decorati con pietre preziose e circondati dalla nuvola della Gloria. L'intera città sembra essere viva, così ricoperta da tante luci smaglianti: il bagliore delle pietre preziose multicolore, la luce della Gloria di Dio, lo splendore delle mura di diaspro, e il bagliore dell'oro puro.

Non si possono esprimere in parole terrene le emozioni e l'entusiasmo che si provano entrando nella Nuova Gerusalemme. La Città Santa è talmente meravigliosa, magnifica ed estatica da superare qualsiasi immaginazione. Al centro il trono di Dio, da dove origina il Fiume della Vita, e intorno al suo trono le case di Elia, di Enoc, di Abrahamo, di Mosè, di Maria la Vergine e di Maria Maddalena, tutti immensamente amati da Dio.

Il castello del Signore

Il castello del Signore si trova sotto il trono di Dio sulla destra, dove Egli rimane quando ci sono servizi di adorazione o i banchetti. Al centro del castello del Signore c'è un edificio dal tetto d'oro e tutt'intorno, numerosi palazzi. Sul tetto d'oro, a forma di cupola, ci sono molte croci di gloria, circondate da luci sfavillanti, per tenere alto in noi il ricordo della salvezza che Gesù ha conquistato alla croce.

L'edificio centrale ha una forma cilindrica ed è decorato da molti delicati gioielli lavorati ad arte ed ogni pietra emana una luce, tanto che intorno appare un arcobaleno. Se dovessi raffigurare il castello del Signore con un edificio terreno, potrei dire che ricorda, ma molto lontanamente, la Cattedrale di S. Basilio a Mosca, sebbene i materiali e lo stile in generale siano totalmente diversi. Nessuna chiesa o edificio di questa terra è comparabile al castello del Signore.

Oltre all'edificio centrale e ai palazzi che lo circondano, nel castello vi sono molte dimore, provvedute da Dio il Padre così che coloro che vi alloggiano possono invitare i loro cari.

Di fronte al castello del Signore, ci sono le case dei 12 discepoli, tutte in fila, a partire da quella di Pietro, poi Giovanni, poi Giacomo, e gli altri dietro. All'interno del castello ci sono due alloggi speciali per due donne speciali, per Maria la mamma di Gesù e per Maria Maddalena, a loro destinati quando il Signore le invita a castello. Come ho detto prima, le due donne hanno la propria dimora vicino al trono di Dio.

Il castello dello Spirito Santo

Sulla sinistra, alla base del trono di Dio, c'è il gigantesco castello dello Spirito Santo che è circondato dal Fiume della Vita. Il design di questo castello rispecchia il suo carattere, così dolce, materno e mansueto: un insieme armonico d'edifici a cupola di varie misure, e al centro il più grande il cui tetto è composto da un unico sardio, dalle dimensioni imponenti, che rappresenta la passione.

Tutti i castelli della Nuova Gerusalemme sono immensi ma quelli del Signore e dello Spirito Santo sono particolarmente grandi e magnificenti, e costruiti in uno stile particolare. Questo perché le altre case del regno dei cieli e della Nuova Gerusalemme sono costruite dagli angeli, ma queste due, sono state costruite direttamente e interamente da Dio il Padre in persona. Inoltre, come per il castello del Signore, anche quello dello Spirito Santo è circondato da altri edifici meravigliosamente decorati, dove si incontrano coloro che durante l'era dello Spirito Santo sulla terra sono stati uniti a Lui e hanno fatto avanzare il regno di Dio.

Un ponte di nuvole di gloria e un luogo di incontro

Tra i due castelli, quello del Signore e quello dello Spirito Santo c'è un ponte a forma di arco, composto da nuvole brillanti che collega i due castelli. Al centro del ponte è stato stabilito un luogo di incontro, una sorta di piazza dove il Signore e lo Spirito Santo si trovano e conversano.

Nessuno è ammesso in questo luogo, neanche i residenti

della Nuova Gerusalemme. E' riservato al Signore e allo Spirito Santo. A volte il Signore arriva e aspetta lo Spirito Santo, altre volte succede il contrario, poi i due conversano amichevolmente come fratelli, seduti accanto ad un tavolo di gioielli e sotto un arcobaleno che fa loro da ombrellone. E' qui, con davanti il panorama del Fiume della Vita che aprono il proprio cuore l'un l'altro, che parlano di molte cose e di tutto quello che non si sono potuti durante il ministerio terreno, e, condividono l'amore del Padre.

Il grande santuario

Intorno al castello dello Spirito Santo ci sono molti edifici in costruzione adesso, ma in particolare, ce n'è uno, magnifico e grandioso. Ha il tetto rotondo, dodici colonne altissime, ognuna a separare i dodici portoni d'entrata. Questo è il grande santuario costruito dopo la Nuova Gerusalemme.

Eppure, in Apocalisse 21:22 Giovanni dice: *"Non vidi in essa alcun tempio, perché il Signore Dio onnipotente e l'Agnello sono il suo tempio."* Perché Giovanni non vide un tempio? Generalmente si pensa che Dio non ha bisogno di un luogo specifico dove stare, come un tempio, o per lo meno, non come lo intendiamo noi, infatti, qui sulla terra noi lo adoriamo nei santuari dove la Parola di Dio è predicata.

Come dichiarato in Giovanni 1:1 *"Nel principio era la Parola e la Parola era presso Dio, e la Parola era Dio."* Dove si trova la Parola, lì c'è anche Dio, dove la Parola è predicata quello è un santuario. Tuttavia, Dio in persona risiede nella

Nuova Gerusalemme. Dio, che è la Parola e il Signore che è uno con Dio, dimora nella Città Santa, per cui, non c'è bisogno di nessun tempio. Lo conferma anche l'apostolo Giovanni, attraverso l'ispirazione divina, che nella Nuova Gerusalemme non vi è nessun santuario perché il Signore Dio e l'Agnello sono il suo tempio.

A questo punto, rimaniamo con il quesito iniziale, perché questo grande santuario che Giovanni non ha visto, costruito solo ora? Come possiamo vedere in Atti 17:24 *"Il Dio che ha fatto il mondo e tutte le cose che sono in esso, essendo Signore del cielo e della terra, non abita in templi fatti da mani d'uomo."* Egli non dimora in un tempio in particolare, anche il Salmo 103:19 ce lo conferma: *"L'Eterno ha stabilito il suo trono nei cieli..."* Questo gran santuario non è altro che un'evidenza della Sua Gloria.

Sulla terra sono stati costruiti molti edifici magnifici, grazie ad ingenti investimenti di uomini ricchissimi che attraverso questi immobili rendono più grande il loro nome e la loro gloria. Nessuno fa questo per Dio, che invece, è l'unico degno di gloria.

Ecco perché l'Eterno costruisce un santuario meraviglioso e magnifico attraverso i suoi figli che hanno ricevuto lo Spirito Santo e si sono santificati, dove potrà essere glorificato da ogni nazione. (1 Cronache 22:6-16).

Allo stesso modo, quando il grande santuario, costruito secondo il volere di Dio sarà terminato, tutti gli uomini di ogni nazione glorificheranno Dio e si prepareranno a ricevere il Signore come Sua sposa. Dio ha preparato il grande santuario come centro di evangelizzazione per poter condurre moltissime persone alla salvezza e portarle nella Nuova Gerusalemme alla fine dei tempi. Se comprendiamo la provvidenza di Dio, costruiamo il suo grande santuario e gli diamo gloria, Egli ci ricompenserà secondo le nostre azioni e costruirà questo stesso santuario nella Nuova Gerusalemme.

Coloro che entreranno in cielo e vedranno il santuario, saranno perpetuamente grati a Dio per il suo amore che li ha portati nella gloria e nella benedizione eterne attraverso la coltivazione umana.

Le case celesti decorate con oro e gioielli

Attorno al castello dello Spirito Santo la costruzione di molte case è già stata terminata e sono già pronte alcune decorazioni, altre sono in via di costruzione. E' possibile vedere gli angeli a lavoro, che adornano le dimore con gemme preziose, che ripuliscono e preparano ogni cosa. Questo è il modo che Dio ha per ricompensare i suoi figli, ognuno secondo la propria condotta, ad un'azione, un gioiello sulla propria casa.

Una volta il Signore mi ha mostrato le case di due servitori di Dio della nostra chiesa. La prima, è stata una grande fonte di forza per la chiesa attraverso le sue preghiere, giorno e notte, per l'avanzamento del regno di Dio. La dimora celeste di questa cara sorella è permeata dall'aroma della sua preghiera e della sua perseveranza, ho visto solo l'ingresso, tutto decorato di brillanti e gioielli. Poi, per onorare le sue peculiarità – è una donna molto dolce – nel retro della casa le è stato costruito un bellissimo giardino, pieno di piccoli fiori di tanti colori e di erbetta tenera, un tavolo in un angolo circondato dal verde dove può prendere il tè e passare delle ore con i suoi cari. E questo è solo il cortile e l'ingresso, riuscite ad immaginare quanto sarà bella la sua casa?

L'altra dimora celeste che il Signore mi ha mostrato appartiene ad una seconda sorella che lavora nella nostra chiesa e che ha dedicato la sua intera vita all'evangelizzazione e all'editoria cristiana. Tra le tante stanze di questa dimora, il Signore me ne ha mostrato una sola. Ho visto una scrivania, una sedia, ed un candeliere, tutti di oro massiccio, e poi ho visto molti libri. Questa è una ricompensa in ricordo del suo lavoro di evangelizzazione editoriale con il quale ha tanto glorificato Dio, ed anche un regalo perché Egli sa che a lei piace moltissimo leggere.

Vi ho raccontato tutto questo per farvi comprendere che oltre a prepararci una dimora eterna, Dio ci dona anche altre cose, cose che non possiamo neanche immaginare, per ricompensarci di aver abbandonato i nostri piaceri terreni e aver dedicato la nostra intera vita per l'avanzamento del regno di Dio.

Per sempre con il nostro sposo, il Signore

Nella Città Santa ci sono continuamente banchetti e ricevimenti, inclusi quelli organizzati da Dio il Padre, e, quelli che vivono nella Nuova Gerusalemme, possono invitare fratelli e sorelle che dimorano negli altri luoghi celesti.

Quanto glorioso e meraviglioso sarà vivere nella Nuova

Gerusalemme ed essere invitati direttamente dal Signore per condividere con Lui tutto il suo amore e prendere parte ai banchetti celesti.

Un caldo benvenuto al castello del Signore

Quando i residenti della Nuova Gerusalemme sono invitati dal loro sposo, il Signore, si vestono al loro meglio, indossano l'abito migliore e, con cuori gioiosi, si raccolgono intorno al castello. Quando la sposa del Signore arriva a castello, 4 angeli, due per ogni lato dello splendente cancello d'entrata, la salutano gentilmente. I muri del castello sono decorati di gioielli e di fiori dal profumo inebriante che circonda i corpi dei credenti e li riempie di gioia.

Nell'entrare si ode una musica delicata, un suono di lode che tocca profondamente lo spirito, e a motivo di queste lodi, pace, felicità e gratitudine inondano il cuore dei credenti che si dirigono verso l'edificio principale. Percorrendo la strada dorata che conduce a palazzo, sono scortati da angeli e si riempiono gli occhi di bellezza nel vedere le costruzioni ed i giardini del castello, ma il loro cuore è traboccante di gioia perché sanno che presto incontreranno il Signore, che Lui sta aspettando proprio loro! Lacrime scendono copiose tanto è il desiderio sincero di vederlo e iniziano a correre, non possono aspettare un secondo in più! Egli è lì ad aspettarli a braccia aperte, con il viso pieno d'amore e mansuetudine. Li abbraccia, uno ad uno e dice loro: "Vieni mia sposa adorata! Sei più che benvenuta!" e tutti gli invitati dichiarano il loro amore per Lui dicendogli: "Il mio cuore è pieno di gratitudine, grazie dal profondo del cuore del tuo invito." Dopodiché, camminano con Lui, mano nella mano, come le coppiette innamorate, parlano d'amore e di tutte quelle cose che per tanto tempo hanno avuto voglia di raccontargli, quando vivevano sulla terra. Alla destra del palazzo principale c'è un grande lago e da lì Egli inizia a spiegare loro i dettagli del suo ministerio terreno, i suoi sentimenti e le varie storie.

Il lago celeste come il mare di Galilea

Perché un lago, e perché questo dovrebbe ricordare il mare di Galilea? Dio lo ha creato lì per questo, in ricordo del suo ministerio terreno, proprio perché il Signore ha iniziato e compiuto molte cose nei pressi del mare di Galilea (Matteo 4:23). Isaia 8:23 dice: *"Ma le tenebre non dureranno sempre su colei che ora è nell'angoscia. Come nei tempi passati egli ha coperto di obbrobrio il paese di Zabulon, e il paese di Neftali, così in avvenire coprirà di gloria la terra vicina al mare, oltre il Giordano, la Galilea dei gentili"*. Fu profetizzato che il Signore avrebbe iniziato il suo ministerio presso il mare di Galilea, e la profezia si è adempiuta.

In Giovanni 21, il Signore risorto appare a Pietro, il quale stava cercando di pescare qualcosa ma, non avendo preso nulla, gli dice: *"Gettate la rete dal lato destro della barca e ne troverete"* (v. 6), e nell'obbedirgli Pietro prese 153 grossi pesci. Anche nel lago vicino al castello del Signore, nei cieli, ci sono 153 pesci, a ricordo del suo ministerio terreno, che saltano e guizzano e sprizzano tanti colori diversi per la gioia di chi li guarda.

Poi, a volte, il Signore cammina sulle acque del lago proprio come fece nel mare della Galilea qui sulla terra, e gli invitati a castello si rallegrano perché sanno che da lì a poco lo udranno parlare. Ed Egli parla, riferisce i dettagli degli eventi raccontati nei vangeli e delle varie situazioni, come quella di Pietro, ad esempio, che anche solo per un attimo riuscì a camminare sulle acque obbedendo alla Parola del Signore (Matteo 14:28-32).

Un mausoleo per onorare il ministerio del Signore

Insieme al Signore, i suoi invitati, vale a dire la sposa, ricordano il tempo della coltivazione sulla terra, contemporaneamente visitano i tanti luoghi del suo castello ed in particolare arrivano ad un museo sulla destra del palazzo principale. E' un monumento costruito dal Padre in persona in ricordo del ministerio terreno di Gesù in modo che le persone possano percepire in realtà cos'è successo in quegli anni. Qui sono riproposti i vari luoghi della vita di Gesù sulla terra, come il tribunale di Ponzio Pilato dove Egli fu giudicato e la Via dolorosa. Il Signore spiega i dettagli degli avvenimenti, mentre le persone li guardano.

Qualche tempo fa, attraverso l'ispirazione dello Spirito Santo, il Signore mi ha fatto udire le parole che Egli confessò in quei momenti di dolore e vorrei condividerle con voi. E' la dichiarazione accorata del Signore che scendendo sulla terra lasciò la sua gloria celeste, fatta durante il cammino verso il Golgota, mentre portava la croce:

Padre! Padre mio!
Mio Padre, che sei perfetto nella luce,
Tu ami ogni cosa davvero!
La terra su cui sono approdato
per la prima volta con Te,
e le persone,
da quando sono state create,
si sono grandemente corrotte...

Ora comprendo
perché mi hai mandato qui,
perché mi hai lasciato soffrire così,
a motivo del cuore contaminato degli uomini
e perché mi hai lasciato venire qui
dall'alto della gloria dei cieli!
Ora comprendo,
ora so ogni cosa,
dal profondo del cuore.

Ma Padre!
Io so che tu ristorerai ogni cosa
nella tua giustizia, tu hai dei piani segreti.
Padre!
Tutto questo è solo momentaneo.
A motivo della gloria
che Tu mi darai,
per la la strada ripiena di luce

che hai aperto per queste persone che,
Padre,
io prendo la croce con speranza e con gioia.

Padre, io posso percorre questa strada
perché io credo che
Tu allargherai la via della luce
con il tuo amore,
e farai risplendere tuo figlio
di luci luminose
quando tutto questo sarà finito
tra poco, sarà finito.

Padre!
Il posto da cui io provengo è tutto d'oro,
le strade dove io camminavo sono d'oro
il profumo inebriante dei fiori a cui io sono abituato
non ha nulla a che vedere con i fiori di questa terra,
le stoffe dei vestisti che ho sempre indossato,
sono così diversi da queste,
e il luogo dove io ho sempre vissuto,
è così glorioso.
Voglio che anche loro, le persone di questo mondo
conoscano il luogo da cui io provengo,
così meraviglioso e pieno di pace.

Padre!
Comprendo ogni frammento della tua provvidenza.

Il perché mi hai fatto nascere,
perché mi hai assegnato questo compito,
perché mi hai fatto discendere qui,
in questa terra corrotta,
a leggere la mente di questa gente corrotta
ti rendo lode Padre,
per il tuo amore, per la tua grandezza,
per la tua integrità.

Mio amato Padre!
La gente pensa che io no mi so difendere
che dichiaro di essere il re dei Giudei,
ma Padre,
come potrebbero comprendere le memorie
che sono nel mio cuore,
l'amore immenso che ho per mio Padre,
l'amore immenso che ho per loro?

Padre,
molti capiranno e sperimenteranno
le cose che devono accadere
con l'aiuto dello Spirito Santo
che tu stai per mandare loro in dono
dopo che io sarò andato via.
Padre,
non piangere,
questo dolore,
tutto questo,

è solo momentaneo
non voltare il tuo viso da me
non lasciare che il tuo cuore sia ripieno di dolore,
Padre!

Padre, io ti amo!
Fino alla mia crocifissione,
fino a quando avrò versato la mia ultima goccia di sangue,
fin quando avrò un respiro in me,
penserò al cuore di questa gente.

Padre, non ti crucciare
ma sii glorificato attraverso tuo Figlio,
e la provvidenza dei tuoi piani
Padre,
sarà completa, per sempre.

In questo modo accorato Gesù esprime quello che stava
succedendo nella sua personale mente, durante tutto il percorso
che lo ha condotto alla crocifissione: la gloria dei cieli, Lui
davanti al Padre, la gente, le ragioni per cui il Padre gli ha
assegnato questo compito.

Gli invitati al castello del Signore piangono accoratamente
nel sentire tutto questo e rendono grazie direttamente per aver
preso la croce al loro posto e dichiarano dal profondo del cuore:
"Mio Signore, tu sei il mio Salvatore!".

Per ricordare le sofferenze di Gesù, Dio il Padre ha costruito
tutte le strade del castello del Signore con gioielli dai molti

colori e dalle innumerevoli luci, che splendono e cambiano continuamente sfumatura, tanto che a camminare su queste strade sembra quasi di camminare sull'acqua.

Poi, a ricordo della crocifissione per redimere la razza umana dal peccato, Dio il Padre ha fabbricato una croce di legno e l'ha macchiata di sangue. Ci sono anche la stalla di Betlemme dove è nato il Signore, e tanti altri luoghi che i visitatori possono non solo vedere ma sperimentare, come se fossero reali, viverli vividamente e sentire direttamente il Signore parlare, e comprendere appieno l'amore del Padre.

La Gloria degli abitanti della Nuova Gerusalemme

Come avrete capito, la Nuova Gerusalemme è il luogo in assoluto più bello dei cieli ed è il premio per coloro che hanno santificato il proprio cuore e sono stati fedeli in ogni cosa verso la casa di Dio. Apocalisse 21:24-26 spiega dettagliatamente a chi sarà data la gloria di entrare nella Nuova Gerusalemme:

"E le nazioni di quelli che sono salvati cammineranno alla sua luce, e i re della terra porteranno la loro gloria ed onore in lei. Le sue porte non saranno mai chiuse durante il giorno, perché lì non vi sarà notte alcuna. In lei si porterà la gloria e l'onore delle nazioni."

Le nazioni di quelli che sono salvati cammineranno nella sua luce

Quando dice nazioni, in questo verso fa riferimento a tutti salvati prescindendo dalla provenienza etnica, infatti, ogni cittadinanza, razza e qualsiasi altro attributo legato alla nazionalità viene azzerato quando si riceve la salvezza attraverso Gesù Cristo. Tutti diventiamo figli di Dio e la nostra cittadinanza è quella del regno celeste.

Questo verso in pratica dice che tutti i Figli di Dio cammineranno nella luce della sua Gloria, tuttavia, non tutti i suoi figli avranno la gloria di poter entrare liberamente nella Città Santa. Infatti, i residenti del paradiso, del primo cielo, del secondo cielo e del terzo cielo, possono entrare nella Nuova Gerusalemme esclusivamente dietro invito. Solo coloro che si sono santificati completamente e sono stati fedeli in tutto alla casa di Dio possono avere l'onore di vedere Dio il Padre faccia a faccia nella Nuova Gerusalemme, per sempre.

I re della terra porteranno la loro gloria

I regnanti a cui fa riferimento questo verso sono i leader spirituali della terra, i quali splendono come le dodici pietre preziose delle colonne della Nuova Gerusalemme e possiedono tutte le qualifiche per dimorare eternamente nella Città.

Allo stesso modo, coloro ai quali Dio lo permetterà, staranno in piedi di fronte a Lui, portandogli le offerte che procedono direttamente dal loro cuore integro. Per "offerte" intendo tutto ciò che Gli porta gloria e proviene da questi cuori puri come il cristallo.

Quindi, "i re della terra porteranno la loro gloria" significa che prepareranno come offerta tutto ciò che hanno duramente compiuto per il Regno di Dio e la sua gloria, e con queste cose, entreranno nella Nuova Gerusalemme.

Sulla terra, regnanti portano regali e onore a re più potenti di loro, che guidano nazioni più forti per complimentarli e vincerne l'amicizia, ma le offerte portate a Dio sono frutto di gratitudine per la salvezza eterna che Egli ha donato. Dio riceve queste offerte con gioia e ricompensa i "re della terra" con l'onore di risiedere per sempre nella Nuova Gerusalemme.

Lo abbiamo già studiato, nella Città Santa non esiste il buio perché Dio, che è la luce, abita qui. Proprio perché non c'è notte, male, morte o furti, i cancelli della Nuova Gerusalemme non vengono mai chiusi. In effetti, il verso prima citato dice "di giorno", ma questo perché abbiamo solo una conoscenza e una capacità di comprensione del cielo che sono limitate.

In lei si porterà la gloria e l'onore delle nazioni

Cosa significa questo? Chi porterà questa gloria? Tutti quelli che hanno ricevuto salvezza, tutti, da ogni nazione della terra. Vale a dire, che questi redenti entreranno nella Nuova Gerusalemme accompagnati da tutte quelle "cose" con cui hanno dato gloria a Dio mentre rilasciavano il buon profumo di Gesù sulla terra. Quando un figlio si impegna negli studi e porta a casa dei bei voti, è legittimo che si vanti dei risultati ottenuti con i suoi genitori, i quali, a loro volta, gioiscono perché sono orgogliosi della sua assunzione di responsabilità, anche se non ha propriamente preso il massimo dei voti. Allo stesso modo, quando noi ci comportiamo con fede per l'avanzamento del regno di Dio sulla terra, rilasciamo il buon profumo di Gesù Cristo e diamo gloria a Dio, che la riceve con gioia.

I "re della terra" prima e poi gli altri. L'ordine in cui è stato scritto il verso non è casuale, infatti, ci mostra l'assetto spirituale in cui le persone si presenteranno di fronte a Dio.

Quelli che sono qualificati a restare nella Nuova Gerusalemme per sempre e ad "indossare" la gloria del sole, si presenteranno davanti a Dio per primi, seguiti, poi, dai salvati di tutte le nazioni con la loro rispettiva gloria. Dobbiamo comprendere che se non abbiamo le qualifiche per vivere nella Nuova Gerusalemme, la potremo visitare, ma solo occasionalmente.

La Nuova Gerusalemme sarà inaccessibile per alcuni

L'Iddio d'amore desidera che tutti ricevano la salvezza e siano ricompensati con un proprio luogo di dimora celeste, secondo le proprie azioni. Di contro, è anche giusto che quelli che non sono qualificati ad entrare nella Nuova Gerusalemme risiedano nel terzo, nel secondo, nel primo cielo, o in paradiso, secondo la misura della propria fede. Ciononostante, Dio li invita ai banchetti speciali che di tanto in tanto Egli organizza nella Nuova Gerusalemme così che tutti, almeno una volta, possano godere della bellezza della Città Santa. Tuttavia, ci sono delle persone che non entreranno mai nella Nuova Gerusalemme anche se Dio ha misericordia di loro: chi non ha ricevuto la salvezza, non potrà mai vedere la gloria della Città Santa.

"E nulla d'immondo e nessuno che commetta abominazione o falsità vi entrerà mai, ma soltanto quelli che sono scritti nel libro della vita dell'Agnello." (Apocalisse 21:27).

Il termine "immondo" si riferisce al giudizio e alla condanna del prossimo, al lamentarsi e cercare solamente i propri interessi. Questo genere di persone si auto-proclamano giudici e condannano gli altri invece di comprenderli. L'"abominazione" di cui parla questo passaggio sono le azioni che derivano da un cuore abominevole, che non è altro che un cuore dai doppi sentimenti. Queste persone hanno il cuore incostante e la mente capricciosa, ringraziano Dio solo quando ricevono le risposte alle loro preghiere, si lagnano la maggior parte del tempo e soprattutto quando affrontano delle prove, ingannano la loro coscienza e non esitano a cambiare idea nella ricerca dei propri interessi. Il "bugiardo" è chi inganna se stesso e la sua coscienza. Alcuni mentono abitualmente, mentre altri lo fanno raramente, magari anche con buone intenzioni ma, Dio vuole che ci liberiamo da ogni menzogna e comprendiamo che qualsivoglia falsità è una trappola di Satana. Ci sono persone che danneggiano gli altri rilasciando testimonianze false, ma chi inganna il suo prossimo con una volontà così malvagia non sarà salvato. Sappiate, inoltre che, quelli che ingannano lo Spirito Santo o l'opera di Dio sono anche questi ritenuti "bugiardi".

Giuda Iscariota, uno dei dodici discepoli di Gesù era responsabile della cassa e delle finanze, ingannò continuamente l'opera di Dio rubando dalla tesoreria comune e commettendo altri peccati. Quando poi Satana si impossessò di lui completamente, Giuda liquidò Gesù per 30 pezzi di argento (azione che segnò la sua condanna eterna definitivamente). Vi è un altro genere di persone, quelli che testimoniano e vedono i malati guarire, i demoni fuggire attraverso lo Spirito Santo nella potenza di Dio, e che continuano a rinnegare queste opere definendole imprese di Satana. Questi non entreranno mai nel regno dei cieli perché hanno bestemmiato contro lo Spirito Santo. Fratelli, mai e ripeto mai, mentire, di fronte a Dio.

Cancellati dal Libro della Vita

Quando siamo salvati per fede, i nostri nomi vengono registrati nel Libro della Vita dell'Agnello (Apocalisse 3:5). Questo però non significa che tutti quelli che accettano Gesù Cristo saranno salvati. Infatti, consolidiamo la salvezza solo se agiamo secondo la Parola di Dio, se il nostro cuore è circonciso e assomiglia a quello del Signore. Nel caso in cui dopo aver accettato Gesù le nostre azioni continuano ad essere malvagie, i nostri nomi saranno cancellati dal Libro della Vita ed alla fine, perderemo la salvezza.

Apocalisse 22:14-15 parlando a proposito di questo soggetto, benedice quelli che lavano le proprie vesti:

"Beati quelli che lavano le loro vesti per aver diritto

*all'albero della vita e per entrare per le porte della
città! Fuori i cani, gli stregoni, i fornicatori, gli omicidi,
gli idolatri e chiunque ama e pratica la menzogna."
(Nuova Riveduta).*

I *"cani"* a cui si riferisce questo verso sono quelli che
praticano la falsità ripetutamente, che non si pentono del male
compiuto ma anzi, continuano ad agire malvagiamente. Questi
non saranno mai salvati. Sono come il cane che ritorna al suo
vomito, come i maiali che, dopo essere stati lavati, tornano alla
propria pozza di fango. "Cani" descrive quelle persone che
sembra si siano liberate della propria malvagità, quando invece
vi tornano continuamente, sembrano cambiati, ma riprendono
continuativamente la via del male.

Questo è diverso dalla fede di quanti, pur non riuscendo
a percorrere la Via, combattono e si sforzano di camminare
secondo la Parola di Dio. Egli riconosce la loro fede, e la loro
salvezza è certa perché comunque attraversano un percorso di
cambiamento e Dio riconosce i loro sforzi.

Gli *"stregoni"* sono quelli che praticano la arti magiche,
e che, non soltanto percorrono vie orribili adorando falsi
dii, ma portano altri ad adorarli. Questo è immensamente,
smisuratamente abominevole di fronte a Dio.

I *"fornicatori"* (o gli immorali) commettono continuamente
adulterio, ma non si riferisce solo a chi pratica un'infedeltà
fisica, ma anche a chi commette adulterio spirituale, che è amare
qualche cosa o qualcuno più di Dio. Se un credente dopo aver
sperimentato intensamente l'Iddio vivente nella sua vita, dopo

aver conosciuto il suo amore, torna indietro ad amare le cose del mondo, come il denaro o la sua famiglia più di quanto ama Dio, questa persona ha commesso un adulterio spirituale e non è in una posizione corretta di fronte a Lui.

Gli *"omicidi"* chi sono? Quelli che commettono un omicidio, certo, ma se conoscete il vero significato spirituale della parola "omicidio", dubito che siate in grado di affermare tranquillamente di non aver mai ucciso nessuno. Inoltre, un omicidio spirituale è causare peccato nei figli di Dio portandoli a perdere la loro vita celeste (Matteo 18:7). Ma non solo.

E' lecito dire che hai ucciso qualcuno se lo hai odiato, invidiato, giudicato, se c'è stata inimicizia, rabbia, se lo hai imbrogliato, se gli hai mentito, se sei stato fazioso, se lo hai calunniato o se non hai avuto grazia e misericordia verso quella determinata persona. (Galati 5:19-21).

Questo non vuol dire che la causa di quelli che si perdono, che si "sviano" è sempre attribuibile a qualcun altro. Anzi, la maggior parte delle volte, quelli che "tornano indietro" lo fanno appigliandosi alla propria malvagità. Ad esempio, se un credente si allontana dal Signore perché è deluso dalla propria chiesa o da qualcuno nella chiesa, egli è causa del suo male. Se questo fosse stato un vero credente, nulla lo avrebbe smosso.

E poi, ancora, gli *"idolatri"*, l'idolatria, una delle cose che il Signore odia di più in assoluto. Può avere due forme: adorare degli idoli fisici o venerare degli idoli spirituali. La prima si riferisce a formarsi un idolo e ad adorarlo (Isaia 46:6-7). La seconda, è amare qualcosa, qualsiasi cosa, più di Dio. Se ami tua moglie (o tuo marito), o i tuoi figli più di Dio e cerchi ciò che loro desiderano più di quello che Egli desidera, o se disobbedisci a qualche comandamento divino per amore del denaro, della fama o della tua conoscenza personale, stai adorando degli di idoli spirituali.

Non ha molta importanza se queste persone frequentano una chiesa e se chiameranno "Signore, Signore", non saranno salvati e non entreranno nel regno dei cieli perché non hanno amato Dio.

Quindi, se tu hai accettato Gesù Cristo, hai ricevuto lo Spirito Santo come dono di Dio, e se il tuo nome è registrato nel Libro della Vita dell'Agnello, ti esorto a ricordarti sempre che vivrai eternamente nei cieli ed avanzerai fino alla Nuova Gerusalemme solo se agisci e vivi secondo la Parola di Dio.

La Nuova Gerusalemme è il luogo dove vivranno solo quelli che hanno santificato completamente il proprio cuore e sono stati fedeli in tutto alla casa di Dio.

Chi vivrà nella Città Santa, vedrà Dio faccia a faccia, converserà con Lui e godrà di onori e gioia inimmaginabili. Chi, invece, vivrà nel paradiso, nel primo, secondo o terzo cielo, potrà visitare la Nuova Gerusalemme solo su invito e quando Dio il Padre terrà i suoi banchetti.

Prego nel nome del nostro Signore Gesù Cristo che tu divenga un vero figlio o figlia di Dio che combatte il buon combattimento contro il male e il peccato, fino al sangue se sarà necessario, che tu compia la santificazione del cuore e che tu sia fedele in ogni cosa alla casa di Dio, così che un giorno potrai vivere per sempre nella Nuova Gerusalemme.

Capitolo 8

E vidi la santa città, la nuova Gerusalemme

Beati sarete voi, quando vi insulteranno e vi perseguiteranno e, mentendo, diranno contro di voi ogni sorta di male per causa mia. Rallegratevi e giubilate, perché il vostro premio è grande nei cieli, poiché così hanno perseguitato i profeti che furono prima di voi.

- Matteo 5:11-12

Le case della Nuova Gerusalemme sono costruite in modo che tutti coloro il cui cuore somiglia a quello di Dio possano viverci secondo i propri gusti. Le hanno fabbricate gli arcangeli e gli angeli architetti, con la supervisione del Signore, e questo è un privilegio riservato solo ai residenti della Città Santa.

A volte, Dio in persona ordina ad un arcangelo di costruire una dimora specifica per una certa persona in modo che sia proprio esattamente secondo i personalissimi gusti di questo individuo. Egli non dimentica nulla, neanche una lacrima di quelle che i suoi figli hanno versato per il suo Regno e per questo, li ricompensa con gioielli e pietre preziose.

In Matteo 11:12, Dio ci dice chiaramente che in proporzione alle battaglie spirituali che vinciamo e alla nostra fede matura, potremmo possedere un posto meraviglioso in cielo:

"E' dai giorni di Giovanni Battista fino ad ora, il regno dei cieli subisce violenza e i violenti lo rapiscono."

L'Iddio d'amore, per molti anni ci ha guidati oserei dire "forzatamente" verso il cielo, mostrandoci chiaramente le case celesti della Nuova Gerusalemme, perché il ritorno di Colui che è andato a "prepararci un luogo" è molto vicino.

Spero che ognuno di voi comprenda l'immenso amore di Dio nel vedere le dimore celesti che ha preparato e la ricompensa che Egli darà a ciascuno secondo le proprie azioni.

Dimore celesti smisuratamente grandi

Nella Nuova Gerusalemme ci sono delle residenze bellissime e smisuratamente grandi, e, tra queste, ce né una in particolare che supera le altre, costruita in un'area molto grande e caratteristica. Al centro di quest'area c'è un castello rotondo, di tre piani e tutt'intorno, molte costruzioni e strutture ricreative, come quelle che si trovano nei luna park, un parco dei divertimenti stellare, una vera e propria attrazione turistica. La cosa più sorprendente è che l'intera residenza è di un solo individuo!

Benedetti sono i mansueti perché erediteranno la terra

Se fosse nelle nostre possibilità, chiunque tra noi,

acquisterebbe un pezzo di terra molto grande e ci farebbe costruire una casa secondo le proprie esigenze e i propri gusti. In cielo, però, non potremo né comprare della terra tanto meno costruirci una casa, non importa quanto siamo stati ricchi qui sulla terra. Questo perché Dio premierà ognuno adeguatamente secondo le proprie azioni, con possedimenti e proprietà.

Matteo 5:5 dice: *"Beati i mansueti, perché essi erediteranno la terra"*, il che vuol dire che anche noi, proporzionalmente a quanto il nostro cuore somiglia a quello del Signore e alla nostra mansuetudine, erediteremo della terra nel cielo. Questo perché i mansueti sono persone che abbracciano tutti, che possono "contenere" tutti, e per questo chiunque può trovare riposo e conforto in loro. Il mansueto è sempre in pace in ogni circostanza, perché il suo cuore è gentile e dolce. Questo non vuol dire che per esser in pace con tutti dobbiamo comprometterci con il mondo, questa non è mansuetudine spirituale. Il vero mansueto, non solo è in grado di abbracciare tutti con un cuore gentile, ma è anche coraggioso e forte abbastanza di rischiare la vita per la verità.

Queste persone vincono il cuore di molti e sono in grado di guidarli verso il cielo a motivo del loro amore incondizionato e della loro gentilezza. Ecco perché possederanno delle case molto, molto grandi in cielo, ed infatti, la dimora celeste che descriverò nel prossimo paragrafo appartiene proprio ad una persona mansueta.

Una casa grande quanto un'intera città

Al centro di questo domicilio, sorge un castello decorato con oro e gioielli. Il tetto è rotondo ed interamente in sardio che brilla luminoso. Anche intorno a questo splendido castello fluisce il fiume dell'Acqua della Vita che origina dal trono di Dio, e al suo interno ci sono, inoltre, molti altri edifici e strutture simili a parchi di divertimento decorati con pietre e metalli preziosi, tanto che questa non sembra una residenza ma una metropoli.

In questo vasto territorio, c'è anche posto per una foresta, una pianura e un grande lago, cascate e colline in fiore. Il tutto confina con il mare dove un grande transatlantico tipo il Titanic fa rotta placidamente.

Ed ora, facciamo il giro di questa splendida magione.

Dodici cancelli, tre per ogni lato, di cui uno molto grande – quello d'entrata – da cui si scorge il castello centrale. Entriamo, e notiamo le decorazioni preziose e gli angeli posti a guardia del cancello, sono angeli molto forti, dall'aspetto particolarmente mascolino, stanno fermi in piedi e non sbattono mai le palpebre degli occhi, emanano una fortissima dignità che li rende inavvicinabili. All'estremità del cancello si innalzano due colonne rotonde, ed iniziano le mura di questa residenza, che, decorate da infiniti fiori e gioielli, sembrano infinite. Il cancello si apre automaticamente e seppur in lontananza, si intravede il castello dal tetto rosso che splende ed emette un luce bellissima che arriva fino all'entrata. Inoltre, nel vedere tutti gli altri edifici presenti in questa residenza, le decorazioni, i gioielli ed i fiori, l'emozione dell'amore di Dio che ricompensa 30, 60, 100 volte quello che hai offerto, è incontenibile. Di fronte a questo spettacolo, il sentimento di gratitudine verso il dono di Gesù, unico figlio di Dio e la sua morte per la nostra vita eterna diventa reale.

Un suono dolce, chiaro e di lode si ode in tutto il castello e una pace inesprimibile circonda lo spirito di chi arriva fin qui:

Lontano, dal profondo del mio spirito, questa sera
Fluisce una melodia, più dolce di un salmo
Cade dalle visioni celesti
Porta alla mia anima una calma infinita
Pace! Pace! Pace meravigliosa
Che viene dal Padre celeste!
Inonda il mio spirito per sempre, ti prego
Con questa nuvola d'amore infinito

Strade d'oro trasparenti come vetro

Portiamoci dunque verso il castello centrale, camminando sulla strada d'oro. Entrando dall'ingresso principale, su ogni lato ci danno subito il benvenuto alberi di oro e di gemme, carichi di frutti-gioiello che i visitatori mangiano, e la frutta si scioglie nella bocca, è così deliziosa che dona energia e gioia a tutto il corpo. Su ogni lato della strada dorata, circondati da prati erbosi ed alberi di ogni tipo, ci sono fiori che splendono con i colori dell'arcobaleno che accolgono gli ospiti salutandoli con il loro profumo unico. Su alcuni di questi fiori, delle farfalle dai colori dell'iride si siedono e chiacchierano beatamente. Fra i rami e le foglie luccicanti degli alberi cresce molta frutta appetitosa, qui si riposano e cantano uccelli dalle piume dorate, tutt'intorno altri animali vanno in giro beatamente.

La nuvola mobile ed il carro dorato

Sei di fronte al secondo cancello: la casa è così grande, infatti, che c'è un'altra entrata nella cancellata principale. Prima di tutto, i tuoi occhi scorgono una vasta area che assomiglia ad un garage, dove sono parcheggiate le molte nuvole mobilie (che somigliano molto alle nostre macchine) ed un carro dorato. La scena è veramente incredibile e tu rimani incantato. Il carro dorato, decorato con grandi diamanti e gioielli è per il proprietario di questa casa e ha un solo sedile. Quando il carro si muove, splende come una stella cadente a causa dei tanti gioielli di cui è adornato, ed è anche molto più veloce della nuvola mobile.

La nuvola mobile è circondata da nubi bianche e da luci di molti colori, ha quattro ruote e anche le ali. Il veicolo funziona sulle ruote, quando si muove a terra, e quando vola, le ruote si ritirano automaticamente e le ali protendono così che può volare liberamente e correre dov'è diretto.

Che grande autorità e che grande onore poter visitare i tanti luoghi dei cielo con Dio accanto, su una nuvola mobile, scortato dall'esercito celeste e dagli angeli! Considerando che ad ogni residente della Nuova Gerusalemme viene donata come ricompensa una nuvola mobile, riuscite ad immaginare l'importanza del premio dato al proprietario di questa casa che è stato ricompensato con tutti questi veicoli?

Un grande castello al centro

Arrivati al castello, si erge di fronte a noi un enorme edificio di tre piani, con il tetto interamente in sardio, che non può essere comparato ad alcun edificio su questa terra. Pare quasi che il castello intero giri su stesso lentamente, distribuendo intorno a sé luci così brillanti da farlo sembrare vivo e trasparente. Oro puro e diaspro, infatti, emanano luci dorate molto splendenti, d'oro e blu. Eppure, malgrado sembri trasparente, non si riesce a vederne l'interno, sembra scolpito da un solo intero pezzo di oro. Inoltre, è circondato da fiori talmente profumati e gioiosi che è impossibile descrivere a parole ciò che questa vista suscita nelle emozioni: fiori grandi e piccoli compongono uno scenario mozzafiato.

Ora, però, vogliamo scoprire qual è la ragione per cui l'Eterno ha provveduto al proprietario di questo castello un podere così sconfinato e una dimora tanto vasta. Dio non dimentica mai niente di tutto quello che i suoi figli hanno fatto per l'avanzamento del suo regno e per la sua giustizia, ed a motivo di questo, li ricompensa abbondantemente.

Io mi rallegro
in questo mio figlio adorato.
Mi ha amato così tanto
da donare tutto
Mi ha amato più di quanto amasse
i suoi genitori e i suoi fratelli,
Non ha risparmiato i suoi figli

ha considerato la sua vita indegna,
vi ha rinunciato per me.

I suoi occhi sono sempre stati concentrati su di me.
Ha ascoltato pienamente la mia Parola.
Ha cercato solamente la mia gloria.
Mi ha sempre reso grazie, sebbene soffrisse ingiustamente.
Anche nel mezzo di persecuzioni,
in amore ha pregato per
quelli che lo perseguitavano.
Non ha mai dimenticato nessuno, benché sia stato tradito.
Ha compiuto il suo dovere con gioia
e per questo ha sofferto dolori insopportabili.
Ha salvato molte anime
e ha portato a termine la Mia volontà, completamente,
indossando il Mio cuore.

Perché lui ha compiuto la mia volontà
e molto mi ha amato,
Io ho preparato per Lui
questa grande e splendida casa
nella Nuova Gerusalemme.

Un castello magnifico e privato

Come avrete potuto considerare, il tocco speciale di Dio è
presente nelle case di quelli che Egli ama grandemente, anche le

case della Nuova Gerusalemme, infatti, differiscono in bellezza e in gloria.

Il castello centrale che ho sopra descritto è interamente privato, ed è per un solo proprietario, questo, per ricompensarlo del suo lavoro, delle preghiere con lacrime che ha versato per l'avanzamento del regno di Dio, ma anche perché nel prendersi cura giorno e notte delle anime, ha interamente sacrificato la propria privacy per il Regno.

Ed ora, entriamo nel grande castello!

Targhe e dediche speciali sui muri

I muri, interamente in oro puro e diaspro, sono pieni di incisioni che riverberano di parole e disegni. Ogni dettaglio sulle persecuzioni e derisioni che il proprietario del castello ha affrontato per il regno di Dio, tutte le azioni con cui lo ha glorificato sono stati registrati e illustrati qui. Quello che è ancora più stupendo è che Dio in persona ha inciso queste poesie e questi scritti con lettere brillanti e luminose. Il castello ha dodici cancelli così che le persone possano entrare da tutti i lati, ed un segreto è conficcato in ogni cancello. Oltre al resto, qui troverete molte chiavi: della fede, dell'amore, dell'evangelismo e così via, ed ogni chiave è inserita in una serratura.

Dentro il castello si possono ammirare oggetti molto più belli e ricercati di quelli che sono fuori e, le luci dei gioielli con cui sono decorati, li ricoprono due o tre volte per farli apparire ancora più sfarzosi.

Frasi che parlano delle lacrime del proprietario, della sua

fatica, del suo impegno terreno sono intagliate deliziosamente sui muri interni ed anche queste emanano luci brillanti. Le sue preghiere notturne per il regno di Dio e l'aroma puro che proviene da una vita interamente abbandonata come un'offerta per le anime sono tutti scolpiti sulle mura come un poema brillante.

Eppure, Dio il Padre ha nascosto la maggior parte dei dettagli di queste incisioni, così che sarà Lui stesso a mostrarle al proprietario quando arriverà qui, per primo, per poter ricevere interamente il cuore di questa persona, per dirgli "Ecco guarda cosa ho preparato per te".

Riunioni e banchetti al primo piano

Questo castello generalmente non è aperto al pubblico. Viene aperto in occasioni speciali, ad esempio, quando ci sono dei ricevimenti o delle serate di danza. C'è una sala che può ospitare un banchetto per un numero infinito di persone, o anche incontri nei quali il proprietario condivide amore e gioia, tra una conversazione e l'altra, con i suoi numerosi ospiti.

La sala di cui parlo è rotonda e così grande che non se ne vede la fine, il suo pavimento è bianco e molto liscio, decorazioni brillanti e composizioni preziose sono ovunque. Ad aggiungere bellezza e dignità a questo salone, sono stati posizionati vari candelieri, uno, maestoso e a tre livelli è in alto al centro, gli altri, sempre dorati e di varie misure, si trovano sui muri. Sempre nel mezzo, è stato collocato un palco rotondo circondato da molti tavoli posizionati su più altezze: gli invitati arrivano, si siedono ognuno al proprio posto e iniziano a conversare amichevolmente.

Tutte le decorazioni del palazzo, così delicate in forma e in luce, sono state create secondo i gusti del proprietario, e tutti i gioielli, anche quelli più piccoli, contengono il tocco personale di Dio. Essere invitati ai banchetti organizzati dal proprietario di questa casa è un grandissimo onore.

Sale da ricevimento e stanze segrete

Sul primo piano di questo gran castello ci sono molte stanze, ogni stanza contiene un segreto che sarà rivelato pienamente solo in cielo, anche questa una ricompensa di Dio secondo le azioni del proprietario. Una di queste stanze è una sorta di museo, qui ci sono innumerevoli corone: la corona d'oro, una corona decorata d'oro, una corona di cristallo, una corona di perla, una corona dalle decorazioni floreali, e molti altri diademi guarniti con ogni genere di pietre preziose, tutte conservate ordinatamente. Queste corone sono state donate come premio ogni volta che il proprietario della casa ha portato a termine il regno di Dio e ha donato a Lui la gloria sulla terra, e differiscono in misura, forme, materiali e decorazioni per mostrare i vari stadi d'onore. Ci sono anche delle grandi stanze adibite ad armadio per conservare i vestiti e gli ornamenti preziosi ricevuti, alloggi che sono mantenuti con cura speciale da alcuni angeli.

C'è anche una stanza quadrata e pulita senza molte decorazioni chiamata "La Stanza della Preghiera", a motivo della vita di intercessione che il proprietario ha offerto su questa terra. C'è inoltre, una sala con molti schermi che è stata chiamata "La

Stanza dell'Agonia e del Pianto" dove il proprietario può rivedere, ogni volta che vuole, tutta la sua vita terrena. Dio ha, infatti, preservato ogni singolo momento della vita di questa persona perché ha sofferto tremendamente nel portare avanti l'opera di Dio e il ministero, versando molte lacrime per la salvezza delle anime.

Al secondo piano c'è un luogo meraviglioso e magnificamente decorato dove il proprietario riceve i profeti e intavola con loro conversazioni amichevoli. Qui incontra Elia che salì in paradiso su di un carro di fuoco, Enok che camminò con Dio per 300 anni, Abrahamo della cui fede Dio si compiacque, Mosè che fu più umile di chiunque altro sulla faccia della terra, l'apostolo Paolo, la cui passione per il Vangelo supera quella di qualsiasi altro uomo, ed anche gli altri. Parla con loro, della vita e delle varie circostanze terrene.

Terzo piano: riservato al Signore

Il terzo piano di questo immenso castello è decorato più finemente degli altri, perché è qui che il proprietario riceve il Signore in persona e con Lui parla il più a lungo possibile. A quest'uomo è stato dato un privilegio così raro perché ha amato il Signore più di qualsiasi altra cosa e ha cercato, durante la sua vita terrena, di somigliare al Gesù dei quattro Evangeli, amando e servendo tutti come il Signore ha fatto verso i suoi discepoli. Questa persona, il proprietario del castello, ha condotto una vita di intercessione e di preghiera, portando moltissime anime alla salvezza attraverso la manifestazione e l'evidenza della potenza di

Dio.

Ogni volta che pensava al Signore, quando era sulla terra, piangeva, perché desiderava essere con Lui. Come Gesù, anche lui pregava tutta la notte, cercando in ogni cosa e al meglio della sua forza di far avanzare il regno di Dio.

Che felicità poter incontrare il Signore personalmente, faccia a faccia e confessargli il suo amore nella Nuova Gerusalemme!

Le conversazioni con Dio non saranno mai noiose o faticose.

Finalmente vedo il mio Signore,
Finalmente i miei occhi splendono della la luce che i Suoi occhi emanano
Finalmente il Suo sorriso mite è inciso nel mio cuore,
Che grande gioia è per me.

Dio mio,
quanto ti amo!
Tu hai visto tutto,
Tu sai tutto.
Che gioia infinita,
confessarti il mio amore.
Io ti amo,
mio Dio,
mi sei mancato così tanto.

Dio il Padre, nel ricevere tutto questo amore, ha decorato gli interni di questo terzo piano con gioielli di una particolare meraviglia. L'elaboratezza e lo splendore non possono essere descritti, ed il valore delle luci qui è particolarmente speciale.

E' impossibile non rendersi conto della giustizia di Dio che ricompensa ognuno secondo le proprie azioni, anche solo guardando le case dei cieli.

Giro turistico di alcuni luoghi del cielo

Cosa altro c'è intorno a questo grande castello? Se volessi descrivere questa residenza-città nei minimi dettagli non basterebbe un intero libro. In ogni modo, circondano il castello uno smisurato giardino e molti edifici diversi dalle decorazioni inimmaginabili, il tutto in armonica architettura. Qui si trovano anche strutture di vario genere: una piscina, un parco di divertimenti, un cottage ed un teatro dell'opera, che rendono questa casa una notevole attrazione turistica.

Dio premia ognuno secondo le proprie azioni.

La ragione per cui il proprietario di questa residenza può avere tutto questo è perché ha dedicato l'intero suo corpo, la sua mente, il suo tempo, e i suoi soldi all'opera di Dio sulla terra. L'Eterno lo ha ricompensato di tutto quello che ha fatto per il suo regno, incluse le innumerevoli anime che ha condotto dalla perdizione alla salvezza, costruendo così la chiesa di Dio. L'Eterno è più che capace di donarci non solo quello che gli chiediamo ma anche quello che desideriamo nel cuore e siamo incapaci di manifestare. Dio può progettare più perfettamente e meravigliosamente di qualsiasi architetto o urbanista della terra, mostrandoci, nel suo design, unità e diversità allo stesso tempo.

Avendo denaro a sufficienza, sulla terra, possiamo potenzialmente possedere tutto quello che vogliamo, ma in cielo non sarà così. Una casa dove vivere, vestiti, gioielli, corone o anche angeli a servizio, non possono essere né acquistati né noleggiati, ma sono donati ad ognuno secondo la propria misura di fede e la fedeltà dimostrata al regno di Dio.

Ebrei 5:8 dice: *"... i quali servono di esempio ed ombra delle cose celesti, come fu detto da Dio a Mosè, quando stava per costruire il tabernacolo: «Guarda», egli disse, «di fare ogni cosa secondo il modello che ti è stato mostrato sul monte»."* Questo mondo è un ombra del cielo, e, la maggior parte degli animali, delle piante e della natura in generale li ritroveremo in cielo, con la differenza che saranno di gran lunga più belli di quelli della terra.

Esploriamo ora dei giardini celesti, le piante ed i fiori.

Giardini ricolmi di fiori e di luoghi d'adorazione

A ridosso del castello, vi è un cortile interno molto grande dove fiori ed alberi creano una scenografia spettacolare. Su entrambi i lati della residenza sono stati posti dei grandi luoghi di adorazione nei quali le persone possono glorificare Dio con canti di lode. Questa enorme casa celeste è come una famosa attrazione turistica, ed essendo dotata di così tante strutture, per visitarla tutta ci vuole molto tempo e proprio per questo, i luoghi di adorazione permettono ai visitatori di adorare e riposarsi.

L'adorazione nel cielo è totalmente diversa dalla terra, non sarete legati da nessuna formalità e sarà normale dare gloria a Dio attraverso la composizione estemporanea di nuove canzoni, e, nel cantare la gloria del Padre, l'amore del Signore, riceverete la pienezza dello Spirito Santo che vi rinfrescherà. In questa residenza c'è anche un edificio che somiglia in qualche modo al teatro dell'opera di Sydney, in Australia, questo perché il proprietario della casa ha guidato molte missioni di evangelizzazione e di divulgazione della cultura cristiana nel mondo, portando la salvezza a molte anime.

Un auditorioum come il teatro dell'opera di Sydney

Questa struttura è situata sul lago, come se galleggiasse sull'acqua, e, di fronte il teatro, dal lago scaturisce una fontana che sprizza getti fortissimi, sembrano gioielli e fuochi d'artificio acquatici. Dopo aver superato l'atrio, si entra nell'auditorium: il palco è maestoso e decorato con fiori preziosi, le poltrone sono comode e aspettano gli ospiti. Gli angeli, vestiti di costumi particolari, indossano ali trasparenti, accompagnati da angeli che cantano e suonano, danno vita ad uno spettacolo di prima categoria, ogni movimento, ogni suono è perfetto e stupefacente.

Tuttavia, sebbene la performance degli angeli sia impeccabile, l'aroma sprigionato dal cuore dei figli di Dio quando questi danzano e cantano per Lui, è di gran lunga superiore. Egli lo riceve con grande ardore perché sono i suoi figli, quelli che Lui si è chiamati con grande amore, quelli che si sono santificati durante la coltivazione umana.

Un ponte di nuvole dai colori dell'arcobaleno

Il fiume dell'Acqua della Vita scorre luminoso come argento liquido, origina dal trono di Dio, attraversa i castelli del Signore e dello Spirito Santo, la Nuova Gerusalemme, i tre cieli, il paradiso circonda il castello, lambisce anche questo castello e fa la strada di nuovo verso il trono.

Gli abitanti dei cieli possono parlare con i pesci dai colori magnifici che popolano il Canale, mentre si riposano seduti sulla sabbia di polvere d'argento del Fiume. Su ogni lato del Fiume sono state costruite delle panche d'oro, circondate da alberi della vita, e seduti comodamente, non si può che pensare: "...che frutti deliziosi, ora gli angeli servitori ce li porteranno, gentilmente, in un cesto di boccioli".

Passeggiando per i giardini della residenza magnifica di cui stiamo parlando è possibile attraversare il Fiume grazie a un ponte di nubi dai colori dell'arcobaleno, ed è meraviglioso: siete immersi nei colori, sotto di voi scorre pacifico il Fiume della Vita. Vi sembrerà di camminare sull'acqua, volando nel cielo.

Un parco di divertimenti e una strada di fiori

Attraversato il ponte di nubi vi trovate di fronte un parco di divertimenti mirabolante, ogni genere di caroselli, giostre mai viste, girandole inimmaginabili, neanche Disneyland può essere paragonato a questo parco.

Treni di cristallo, la nave dei pirati d'oro e gioielli, la ruota panoramica che giro al ritmo dei canti di lode, delle montagne russe vertiginose e mai spaventose. Quando si muove, ogni giostra, essendo decorata da molti gioielli, emana luci meravigliose. Solo essere nel parco, senza neanche salire sulle giostre, mette di buon umore e vi farà sentire in festa.

In un'altra area dell'immenso giardino c'è una strada infinita, interamente ricoperta di fiori. I corpi celesti sono così leggeri che i fiori non sentono alcun peso e quindi non si stropicciano, anche se ci camminate sopra, non solo, al passaggio dei credenti, i fiori chiudono i petali, come se fossero timidi, e ondeggiano a destra e a sinistra, per riaprirsi magnificamente. E' il loro modo di salutare i passanti. Tutto questo supera anche le fiabe, perché, come nelle favole, anche nei cieli i fiori hanno un proprio volto, ma qui parlano veramente, potrete avere delle conversazioni con i fiori celesti!

Passeggiare sui fiori e godere del loro profumo ti trasmetterà una delicata felicità, ed i fiori, dal canto loro, saranno felici che cammini su di loro e per questo, elargiranno ancora più profumo. Ogni fiore ha un'essenza diversa e le miscele odorose sono così mescolate che ad ogni passeggiata, puoi apprezzare una aroma diverso. Le strade floreali sono sparse qui e là come un bel dipinto per aggiungere bellezza a questa immensa casa celeste.

Un grande pianura dove animali vivono pacifici

Alla fine della strada di fiori, davanti ai tuoi occhi si apre un largo piano dove giace ogni genere di animale. In realtà anche in altri luoghi del cielo è possibile vedere degli animali, ma qui, ci sono pressoché tutti, eccezzion fatta per quelli che si sono alzati contro Dio, come i dragoni. Lo scenario ricorda quello della savana africana, ma qui gli animali non lasciano le loro aree, anche se possono circolare liberamente e non ci sono recinti. Gli animali del cielo sono più grandi degli animali della terra, hanno i colori più chiari, più splendenti, ed inoltre, qui non regna la legge della giungla.

Tutti gli animali sono miti, anche il leone, il re degli animali, non è aggressivo ma molto mite e le loro pellicce dorate sono straordinariamente belle. In cielo, si potrà parlare liberamente anche con gli con animali, e quindi, immagina che meraviglia poter godere della bellezza della grande natura in questo modo, e cavalcare leoni o elefanti. Non è solo una favoletta, quello che vi sto raccontando rientra nei diritti di tutti i salvati che possederanno il cielo.

Un cottage privato ed una poltrona dorata per il riposo

Siccome la casa di questa persona è come un'attrazione turistica del cielo, Dio ha dato al proprietario un cottage per suo uso personalissimo e privato. Questa villetta è situata su una piccola collina che ha una grande vista, ha delle belle decorazioni ed è inaccessibile, il proprietario infatti, ci passa del tempo da solo o vi riceve profeti come Elia, Enoc, Abramo e Mosè.

C'è anche un altro cottage, è interamente di cristallo, e, diversamente dagli altri edifici, è molto chiaro e trasparente anche se non è possibile vedere l'interno da fuori e l'ingresso qui è assolutamente vietato.

Sulla terrazza del cottage di cristallo, c'è una poltrona dorata che ruota e quando il proprietario si siede, da lì può vedere tutta la sua residenza con un solo sguardo che supera il tempo e lo spazio. Dio ha costituito questo posto speciale così che lui gioisca nel guardare le molte persone che visitano la sua casa, o semplicemente, riposare.

La collina della reminiscenza e la strada della contemplazione

La strada della contemplazione, costeggiata da ogni lato dagli alberi della vita, è talmente pervasa di serenità che sembra il tempo si sia fermato, e ad ogni passo, il cuore del proprietario si riempie di pace mentre pensa alle cose di questa terra. Se pensa al sole, alla luna, e alle stelle, appare un sottile strato circolare, come uno schermo, ed il sole, la luna, e le stelle appaiono così che lui le possa vedere. Nel cielo, infatti, la luce del sole, la luna e le stelle non sono necessarie perché il luogo è interamente circondato dalla luminosità della gloria di Dio. Questo strato-schermo è un dono personale, per rendere vivo il ricordo delle cose della terra, ogni volta che lui lo desidera.

C'è anche, un luogo, chiamato la collina della reminiscenza, una sorta di grande villaggio, dove il proprietario di questa immensa residenza, può riconsiderare la sua vita sulla terra e visitare le tante cose che gli appartengono, che qui, sono state raccolte. La casa dove è nato, le scuole che ha frequentato, le città nelle quali lui ha vissuto i luoghi dove ha affrontato le prove più dure, quello dove ha incontrato Dio per la prima volta, ed i santuari che ha costruito dopo essere divenuto un ministro, è tutto qui, in ordine cronologico.

La materia del cielo è, chiaramente, diversa da quella di questo mondo, però, gli eventi e le strutture di vita terrena riportati nella collina della reminescenza sono replicati perfettamente, così che le persone possano vivere i passaggi riguardanti la loro vita qui come se fossero reali. Quanto è gentile e delicato l'amore del nostro Dio meraviglioso!

Cascate ed un mare con tante isole

Camminando sulla strada della contemplazione, inizi a sentire un suono lontano, ti avvicini e diventa un rumore fragoroso, e poi la vedi: una maestosa cascata di tanti colori. Ad ogni spruzzo scorgi i gioielli che dal fondale illuminano l'acqua in movimento. Ah, che scenario magnifico questo grande flusso d'acqua che cade dalla cima e si riversa nel Fiume dell'Acqua della Vita. Ci sono gioielli che emanano lo splendore di più luci su ambo i lati della cascata. Il tuo spirito si rinfresca grandemente nel vedere un panorama tanto meraviglioso.

In cima alla cascata c'è anche un padiglione dal quale i visitatori possono ammirare la vista e riposarsi: da lì si vede questa residenza celeste paradisiaca nella sua interezza, e lo spettacolo è così grande e stupendo che non può essere descritto adeguatamente con parole di questa terra.

Dietro il castello c'è un grande mare, costellato da varie isole. La superficie è immacolata e splendente, come se ci fossero dei gioielli al posto dell'acqua, pesci nuotano allegri e, molto sorprendentemente, sott'acqua sono visibili delle belle case di giada verde. Sapete, su questa terra neanche gli uomini più ricchi possono permettersi di avere una casa sul fondale marino!

In ogni modo, siccome il cielo è un mondo fatto di quattro dimensioni, nel quale tutto è possibile, ci sono innumerevoli cose che noi non possiamo capire e che non possiamo immaginare, ma che ciononostante, esistono.

Una nave da crociera gigantesca come il Titanic ed una barca di cristallo

Sulle isole di questo mare fiorisce ogni genere di fiori selvatici, volano uccelli dalle piume pregiate e gemme preziose sparse ovunque completano lo scenario. In questa baia si tengono tornei di canottaggio e di surf, eventi che attirano molti cittadini dei cieli. Da qui salpa una nave simile al Titanic, un transatlantico super accessoriato con ogni genere di struttura e installazione: piscine, teatri, sale da ricevimento. Sulla nave ci si arriva con una barca che è totalmente di cristallo, sembrerà di fluttuare sul mare nel guardare la bellezza del fondale!

Pensate, che meraviglia fare una crociera su una nave come il Titanic o passeggiare sulla riva del mare all'interno di una barca di cristallo, anche solo per un giorno! Il cielo è un luogo eterno, e quindi potrai godere per sempre di tutte queste cose se hai le qualifiche per entrare nella Nuova Gerusalemme.

Installazione sportive e ricreative

All'interno di questa residenza troverete anche installazioni sportive come campi da golf, da bocce, da bowling, piscine, campi da tennis, pallavolo, ed altri ancora. Sono doni per il proprietario del castello, perchè lui non ha mai potuto praticare sport su questa terra avendo dedicato interamente la sua vita per il regno di Dio.

Il corridoio della pista da bowling, completamente di oro e di gioielli, ha la forma di un birillo, e, anche la palla e i birilli sono tutti di oro e gioielli. Le persone giocano in gruppi da tre a cinque, e passano insieme del tempo piacevole consolandosi l'un l'altro. La palla non pesa molto, anche se gli viene data una spinta gentile, rotola fino in fondo al corridoio, e, quando colpisce i birilli, questi emanano una luce brillante insieme ad un bel suono chiaro e forte.

Il campo da golf, costruito su un prato dorato, si piega automaticamente per far rotolare la pallina, e quando gli steli dell'erba si abbassano uno dopo l'altro come un domino, sembra un'onda dorata. Nella Nuova Gerusalemme tutto, anche i prati rispettano il cuore del proprio padrone e, dopo il putting, una piccola nube arriva e lo porta alla buca seguente. Quant'è sorprendete e meraviglioso tutto questo!

Anche nella piscina ci si diverte moltissimo e, siccome nessuno affoga in cielo, quelli che non sapevano nuotare sulla terra, lì, nuoteranno bene. L'acqua del cielo non infradicia i vestiti, ma scivola via come rugiada sulle foglie e tutti possono farsi una bella nuotata in qualsiasi momento perché non c'è bisogno di spogliarsi o di preparare il costume da bagno.

Laghi di grandezze diverse e fontane nei giardini

La magione celeste che sto descrivendo è provvista anche di molti laghi popolati di pesci multicolore che sventolano le loro pinne dalle sfumature argento e perla, per far divertire i figli di Dio. E' il loro modo di dichiarare l'amore che provano per i redenti.

Ci sono numerosi giardini ed ognuno ha un nome diverso che descrive le sue esclusive caratteristiche e vi assicuro, che essendoci il tocco di Dio su una foglia, la bellezza di questi giardini è inesprimibile.

Ogni giardino ha la sua fontana personalizzata, e sebbene, generalmente dalle fontane esca dell'acqua, qui alcune distribuiscono colori, altre profumi nuovi e preziosi che non si sono mai sentiti sulla terra. Hai mai sentito il profumo di una perla, che è quello della persistenza, o l'aroma dello sforzo e della passione simboleggiate dal sardio, quello dell'abnegazione o della fedeltà? Ce ne sono anche tanti altri. Ogni fontana è decorata con scritture o disegni che ne spiegano il significato è il perchè sono state create. Molti altri edifici e spazi speciali sono presenti in questa residenza, ma purtroppo non possono essere spiegati dettagliatamente. Quello che è importante è che tutto è stato donato con una ragione, ognuno sarà ricompensato secondo il lavoro che ha svolto per il regno di Dio e per la sua giustizia su questa terra.

Grande sarà la tua ricompensa in cielo

Questa residenza celeste, ormai lo avrete capito, è troppo grande perché possa essere descritta o immaginata. Il grande castello privato costruito al centro, tutte le strutture e i grandi giardini che lo circondano, questa casa è uno dei luoghi da visitare del cielo. Mi rendo anche conto che vi rimane difficile credere che questa dimora incredibile sia stata preparata da Dio proprio per una persona come noi, che è stata coltivata su questa terra come me e te.

Forse cercando il perché Dio abbia preparato delle residenze celesti di questa portata possiamo comprendere meglio molte cose. Leggiamo Matteo 5:11-12:

> *"Beati sarete voi, quando vi insulteranno e vi perseguiteranno e, mentendo, diranno contro di voi ogni sorta di male per causa mia. Rallegratevi e giubilate, perché il vostro premio è grande nei cieli, poiché così hanno perseguitato i profeti che furono prima di voi."*

Quanto soffrì l'apostolo Paolo per l'avanzamento del regno di Dio? Patì dolori e persecuzioni indicibili per predicare il Redentore Gesù ai gentili, lo troviamo descritto in 2 Corinzi 11:23. Paolo fu imprigionato, battuto e in pericolo di morte molte volte a motivo della predicazione dell'Evangelo.

Mai Paolo si lamentò o invidiò qualcun altro, la sua gioia era nel compiere la Parola, e, dopo tutto, la porta della missione mondiale verso i gentili è stata aperta proprio attraverso l'apostolo. Paolo è entrato naturalmente nella Nuova Gerusalemme e possiede un onore pari a quello dello splendore del sole.

Dio ama in modo particolare quelli che lavorano arduamente per Lui e che gli sono fedeli fino al sacrificio della propria vita. Ecco perchè li benedice e li ricompensa grandemente in cielo.

La Nuova Gerusalemme non è riservata a nessuno in particolare ma è per chiunque si santifica, per chi ha il cuore simile a quello di Dio e che compie pienamente il suo dovere con passione.

Prego nel nome del nostro Signore Gesù Cristo che il tuo cuore somigli in tutto a quello di Dio, attraverso la preghiera fervente e la lettura della Parola, e che tu compia pienamente il tuo dovere così da entrare nella Città Santa e dichiarare in lacrime, davanti a Lui: "Sono pieno di gratitudine per il tuo grande amore, Padre."

ᨚ Capitolo 9 ᨚ

Il primo banchetto
della Nuova Gerusalemme

Chi dunque avrà trasgredito uno di questi minimi comandamenti e avrà così insegnato agli uomini, sarà chiamato minimo nel regno dei cieli; ma colui che li metterà in pratica e li insegnerà, sarà chiamato grande nel regno dei cieli.

- Matteo 5:19

La Città Santa è la residenza del trono di Dio e, fra le innumerevoli persone che sono state coltivate su questa terra, coloro che hanno il cuore limpido come il cristallo vivranno lì per sempre. La vita nella Nuova Gerusalemme, in compagnia di Dio e della Trinità, sarà piena d'amore, emozione, felicità e gioia inimmaginabili. L'adorazione, i banchetti, le conversazioni affettuose dureranno per sempre!

Quando Dio il Padre in persona ti invita ad un banchetto che si tiene nella Nuova Gerusalemme, assisterai anche a spettacoli sublimi, in compagnia di un numero infinito di altre persone che provengono dai diversi luoghi di dimora del cielo.

Ora che la coltura umana durata così a lungo è terminata, la

Trinità si rallegra nel vedere i suoi figli adorati così felici.

L'Iddio d'amore mi ha rivelato in dettaglio la vita nella Nuova Gerusalemme che è piena di emozioni oltre ogni possibile comprensione.

Personalmente, sono riuscito a liberarmi della mia malvagità, sostituendola con bontà ed amore per i miei nemici, grazie alla speranza che ora riempie il mio cuore dopo aver visto la Nuova Gerusalemme.

In quest'ultimo capitolo vorrei studiare a fondo le benedizioni che ci accompagnano, quando il nostro cuore somiglia a quello di Dio, che è limpido come il cristallo, attraverso una scena del primo banchetto che si terrà nella Nuova Gerusalemme come il Signore me l'ha rivelata.

Spero che anche tu, come me, possa sentire l'emozione profonda e la felicità infinita nel vedere, leggendolo, come sarà il primo banchetto che si terrà nella Città Santa.

Il primo banchetto

Come sulla terra, anche in cielo si organizzano banchetti, e, nel guardare questi eventi un po' più da vicino, riusciamo a comprendere meglio la gioia della vita celeste. Questi, infatti, sono luoghi privilegiati da dove possiamo ammirare la ricchezza e la bellezza di cielo.

Immaginate gli invitati ad un banchetto tenuto dal presidente della vostra nazione, si vestono con gli abiti più belli, il cibo e le bevande saranno di primissima qualità. Ora, riuscite ad immaginare un banchetto che si tiene in cielo? Le danze, la musica, la felicità?

Un meraviglioso suono di lodel

La sala dei banchetti della Nuova Gerusalemme è incredibilmente enorme, non se ne vede la fine e, la musica che si può ascoltare qui... ah! Il suono della musica celeste rende le emozioni fortissime!

Meravigliosa è la luce
la stessa che era prima che il tempo ebbe inizio
attraverso di essa
Egli risplende su tutto
Egli ha partorito i Suoi Figli
e ha creato gli angeli

La sua gloria è alta e magnifica
sopra il cielo e sopra la terra
Meravigliosa è la grazia
che Egli ha esteso
Egli ha allargato il suo cuore
e creò il mondo.
Loda il Suo grande amore con le tue minuscole labbra
Loda Dio
Egli si rallegra nel ricevere la lode che gli spetta.
Innalza il Suo nome Santo
e lodare Lui per sempre.

La sua luce è meravigliosa
Egli è degno essere lodato.

Il suono elegante della musica si fonde allo spirito evocando entusiasmo e pace, pari a quelli che un bambino sente nel ventre di sua madre.

Il grande cancello della sala dei banchetti, tutto di gemma bianca, è adornato con fiori paradisiaci dalle molte forme e dai colori inverosimili. Ogni minuscolo dettaglio trasuda dell'amore delicato che Egli ha per i suoi figli, qui, come in ogni altro angolo della Città Santa.

Oltre il cancello di gemma bianca

Un numero infinito di persone in fila ordinata oltrepassa il grande cancello della sala dei banchetti, e per primi, con le loro grandiose corone d'oro splendenti e luminose, i residenti della Nuova Gerusalemme. Tutti indossano vestiti bianchi di seta morbida che vibra di una luce brillante.

I vestiti degli invitati sono decorati con oro, gemme e brillanti, hanno ricami di gioielli sul collo e sulle maniche, e secondo le ricompense di ognuno, differiscono nelle decorazioni e nei modelli. La bellezza e l'onore dei residenti della Nuova Gerusalemme sono completamente diversi da quelli dei residenti di tutti gli altri luoghi di dimora del cielo. Diversamente dalle persone che vivono nella Città Santa, i redenti che dimorano in altre parti dei cieli, devono attraversare una procedura per poter essere ammessi al banchetto. Le persone provenienti dal terzo, dal secondo, dal primo regno dei cieli e dal paradiso devono cambiare i propri vestiti ed indossare quelli adatti alla Nuova Gerusalemme prima di entrare. Finanche la luce dei corpi celesti differisce secondo il luogo di dimora, pertanto, è necessario prendere in prestito degli abiti adatti per visitare livelli più alti del proprio.

Ecco perché c'è un luogo separato pieno di abiti dove gli angeli aiutano le persone a cambiarsi le vesti.

Quelli che provengono dal Paradiso, che è il luogo più basso del cielo, (sono relativamente pochi), si devono cambiare i vestiti da soli, senza l'aiuto degli angeli, e la gloria che questi abiti emana, li commuove profondamente. In qualche modo, sono dispiaciuti, perché sanno di indossare vestiti di cui non sono veramente degni.

Quelli provenienti dal terzo, secondo e primo regno dei cieli e dal paradiso, dopo essersi cambiati, mostrano gli inviti agli angeli all'ingresso della sala di banchetto e sono finalmente ammessi nella sala.

Il grande salone luminoso

Nel momento in cui gli angeli vi conducono nel salone dei banchetti, è impossibile non emozionarsi di fronte alle luci così luminose, alla grandiosità e alla magnificenza della sala. Il pavimento di gemma bianca splende immacolato, non c'è una macchia. Il salone è costellato da imponenti colonne su ogni lato.

I pilastri rotondi sono limpidi come il vetro e l'interno è decorato da ogni genere di gioiello per creare una bellezza unica, un mazzetto di fiori appeso su ogni pilastro infonde buon umore e qualità al design del banchetto.

Che felicità essere invitati in una sala così, di marmo bianco e brillante come cristallo!

Fronteggiano il salone dei banchetti due palchi che incutono solennità, sembra di aver fatto un salto indietro nel tempo e di assistere di persona alla cerimonia di incoronazione di un antico imperatore. In alto, al centro del palcoscenico un grande trono di gemma bianca che è riservato a Dio il Padre, alla sua destra, il trono del Signore e sulla sinistra il trono dell'ospite d'onore di questo primo banchetto. I troni sono molto alti e magnifici, tutti circondati da luci brillanti. Più in basso, sempre sul palco, le poltrone riservate ai profeti, ordinati secondo l'ordine celeste, esprimono tutta la maestà di Dio Padre.

Questa sala è abbastanza grande da contenere tutti i cittadini del cielo. Su un lato del salone l'orchestra angelica aspetta il comando del suo direttore, un arcangelo, che si alza e da inizio ad una musica celestiale che non solo aggiunge gioia e felicità durante il banchetto, ma anche prima che il pranzo solenne inizi.

Gli angeli accompagnano ognuno al proprio posto

Entrando nella sala del banchetto gli angeli conducono ognuno al proprio posto pre-assegnato, i residenti della Nuova Gerusalemme si siedono di fronte al trono, seguiti da quelli che vivono nel terzo regno, nel secondo, nel primo, e in paradiso.

Coloro che vengono dal terzo regno indossano corone che sono totalmente diverse da quelle della Nuova Gerusalemme ed inoltre, devono apporre una sorta di cartellino di riconoscimento rotondo al lato destro della propria corona per differenziarsi da quelli che provengono dalla Città Santa. Quelli che provengono dal secondo e dal primo regno indossano un segno identificativo rotondo sul torace, a sinistra, così da poter essere subito riconosciuti. Inoltre, i residenti del secondo e del primo regno dei cieli portano delle corone, mentre gli altri e quelli del paradiso non hanno alcuna corona.

Gli invitati, emozionati e un pò confusi, si siedono ed aspettano l'ingresso del padrone di casa, si aggiustano i vestiti, le corone, sono impazienti e vogliono essere sicuri di presentarsi perfetti, quando Egli arriverà. Si sente un suono di tromba che segnala l'ingresso del Padre e tutti gli invitati nel salone si alzano per ricevere l'ospite. Quelli che non sono stati invitati al banchetto, possono in ogni modo partecipare all'evento attraverso dei sistemi di diffusione audiovisiva simultanea installati nelle rispettive dimore in ogni luogo dei cieli.

Il Padre entra nella sala al suono di tromba

Al suono della tromba, i molti arcangeli che scortano il Padre entrano, seguiti dai patriarchi della fede. Ora tutto è pronto a ricevere Dio, tutti diventano ansiosi, vogliono vedere il Padre e spalancano gli occhi in trepidante attesa.

Finalmente, circondato da luci splendenti e gloriose, Dio il Padre entra. Il suo aspetto è grande e dignitoso, ma allo stesso momento anche gentile e santo, i suoi capelli splendono come l'oro, e la luce che proviene dal suo viso e dal suo corpo è talmente grande che gli occhi di tutti non possono resistere e si chiudono.

Egli si dirige verso il trono, e l'esercito celeste, gli angeli, i profeti che lo stavano aspettando sul palco e tutte le persone presenti nel salone dei banchetti abbassano la testa per adorarlo. È un tale onore vedere Dio il Padre, il Creatore e il Re di tutto in persona, in forma di creatura. Che gioia, che emozione grandissima! Non tutti gli ospiti, però, possono vederlo. Chi viene dal paradiso, dal primo e dal secondo regno dei cieli non può alzare il proprio viso a causa della luce troppo splendente: piangono e versano lacrime di felicità, di gratitudine per il semplice fatto che anche loro sono presenti a questo banchetto.

Il Signore presenta l'ospite d'onore

Dopo che Dio il Padre si è seduto, il Signore entra introdotto da un bellissimo ed elegante arcangelo. Egli indossa una corona alta e splendida, un mantello abbagliante, bianco e molto lungo, ha un aspetto che esprime onore e magnificenza. Il Signore si inchina davanti a Dio il Padre, gentilmente; riceve l'adorazione degli angeli, dei profeti e di tutte le altre persone, e sorride a tutti. Dio il Padre, gioisce nel vedere tutte le persone che sono intervenute al banchetto.

Il Signore si dirige verso un podio e presenta l'ospite di onore del primo banchetto, raccontando in dettagli del suo ministerio che ha aiutato a terminare la coltura umana. Alcuni si chiedono chi sia, quelli che già lo sanno, ascoltano il Signore in grande attesa.

Il Signore conclude, parlando dell'amore dell'ospite di questo banchetto per il Padre, delle molte anime che ha condotto alla salvezza e di come abbia portato a termine completamente la volontà di Dio. Poi, Dio il Padre si alza, ricolmo di gioia, per dare il benvenuto all'ospite d'onore del primo banchetto, come un padre che riceve il figlio che torna a casa con successo, come un re che riceve il suo primo generale che torna trionfante dalla guerra. Nella sala dei banchetti suona ancora una volta la tromba e l'ospite d'onore entra, circondato da splendore.

Indossa una corona alta e magnifica, un mantello bianco e lungo simile a quello del Signore, anche il suo aspetto richiama forte dignità, tutti in sala possono sentire la sua gentilezza e la sua misericordia, il suo viso mite assomiglia a quello Dio il Padre.

Vi presento il mio Figlio amato

Quando l'ospite d'onore del primo banchetto entra, tutti si alzano e cominciano a muovere le mani in alto e si abbracciano l'un l'altro. Avete presente la finale della Coppa del Mondo, quando la palla entra in rete e la vostra squadra vince, e tutti i tifosi, sia allo stadio che nelle case, che fuori esultano, si abbracciano, si scambiano il cinque, e gridano di felicità? Ecco questo è esattamente ciò che sta succedendo nel salone dei banchetti.

L'ospite va prima di tutto da Dio il Padre e lo saluta con rispetto. Egli lo abbraccia e poi anche il Signore lo abbraccia.

Il Signore dice di nuovo al Padre, "ti presento mio figlio" e lo mostra a tutti gli intervenuti al banchetto. A quel punto, non solo le persone nella sala ma anche tutti quelli che partecipano al pranzo solenne attraverso gli schermi, abbassano le loro teste per adorare il Signore.

Dio il Padre si siede di nuovo sul suo trono, e il Signore e l'ospite d'onore si siedono sui rispettivi troni. Ora gli occhi di tutti sono di nuovo concentrati su di Lui, e con un cuore lieto, Dio il Padre gli dice:

Figlio Mio!
Sono così lieto e così felice
che sei tornato da me
dopo avere compiuto tutto il tuo dovere
Ora, sarai qui
con me, per sempre.

Sono infinitamente compiaciuto!
Che inizi il banchetto!

Guardando alla sala piena dei suoi figli, Dio il Padre ripete: "Sono felice e pieno di contentezza, che inizi il banchetto, e che sia allegro!". Immediatamente, sul palco gli angeli iniziano a suonare, balli, canti, meravigliosi e celestiali, ci sono coreografie, in cerchio, di lato, in alto, e altre cose mai viste. Sono eleganti e gli angeli danzano a tempo di una musica dolce ma allo stesso tempo allegra.

Qui sulla terra, chi assiste alla bellezza di alcuni spettacoli, nella Carnegie Hall di New York o al Teatro dell'Opera di Sidney, viene colto da una sorta di timore reverenziale a motivo della bellezza di questi luoghi. Potete immaginare quanto più belli e commoventi saranno gli spettacoli che si svolgono durante il banchetto preparato da Dio?

Quelli che partecipano al primo banchetto della Nuova Gerusalemme, sono serviti dagli angeli, si siedono con i loro fratelli e sorelle in fede, parlano di cose piacevoli, salutano i pionieri della fede che hanno così tanto desiderato incontrare. C'è anche, un tempo speciale durante gli spettacoli: lodi e ringraziamenti, musica e danze in onore di quelli che hanno lavorato più da vicino con l'ospite d'onore.

Questa è una festa a sorpresa preparata da Dio il Padre, così che tutti, — il Signore, l'ospite d'onore e gli invitati — si possano dilettare.

Com'è stato per questo banchetto, il nostro Dio d'amore ricompenserà ognuno di noi anche per la cosa più piccola che abbiamo fatto per Lui su questa terra, preparando anche banchetti in onore di quelli che lo hanno servito appieno. I cieli che Egli ha preparato per noi sono infinitamente gloriosi!

Il gruppo più in alto nei cieli: i profeti

Ma in pratica, cosa dobbiamo fare noi per partecipare al primo banchetto e vivere permanentemente nella Nuova Gerusalemme? Accettare Gesù e ricevere lo Spirito Santo come dono, innanzi tutto, però questo, lo sappiamo, è solo l'inizio. Poi, vogliamo produrre i nove frutti dello Spirito ed il nostro cuore deve assomigliare al cuore di Dio che è pulito e limpido come il cristallo. In cielo esistono dei livelli, dei gradi d'onore, e l'ordine di questi è stabilito in base alla santificazione di ognuno.

I profeti sono presenti al primo banchetto della Nuova Gerusalemme, infatti, sono proprio dietro il Padre, quando Egli entra nella sala. I grandi profeti e gli altri antenati della fede si trovano lì proprio perchè solo loro possono restare in piedi davanti al trono di Dio. Similmente, più il nostro cuore somiglia a quello di Dio, più Gli saremo vicini nel cielo.

Ora permettimi di considerare degli uomini il cui cuore è stato limpido e pulito come il cristallo, come il cuore di Dio. Nello studiare la vita di questi uomini e donne di Dio anche noi potremo somigliare a Lui pienamente.

Elia fu innalzato in cielo senza conoscere la morte

Di tutti gli esseri umani coltivati sulla terra, quello più in alto di tutti è Elia. Attraverso la Bibbia è possibile vedere che ogni aspetto della vita di questo profeta fu una testimonianza dell'Iddio vivente, l'unico vero Dio. Elia fu profeta al tempo del Re Acab, nel regno settentrionale di Israele, dove l'adorazione degli dei era rampante. Il profeta si confrontò con ben 850 falsi profeti che adoravano idoli e fece scendere fuoco dal cielo. Elia portò anche la pioggia dopo una siccità di tre anni e mezzo.

"Elia era un uomo sottoposto alle stesse nostre passioni, eppure pregò intensamente che non piovesse, e non piovve sulla terra per tre anni e sei mesi. Poi pregò di nuovo, e il cielo diede la pioggia e la terra produsse il suo frutto." (Giacomo 5:17-18).

Inoltre, Elia, fece durare una manciata di farina ed una piccola quantità di olio per tutto il periodo della carestia, resuscitò il figlio morto di una vedova e divise il fiume Giordano. Infine, fu rapito da un turbine e con questo salì nei cieli. (2 Re 2:11).

Secondo voi, quali sono le ragioni per cui Elia, un essere umano come noi, abbia potuto compiere opere potenti di Dio ed evitare del tutto la morte? Il cuore di Elia era puro e limpido come il cristallo, assomigliava completamente a quello di Dio, e, malgrado le molte prove che il profeta attraversò, mise pienamente la sua fiducia nell'Eterno in ogni situazione, onorò Dio sempre.

Quando Dio gli comandò di andare proprio dal Re Acab — che lo stava cercando per ucciderlo — a proclamargli che l'Eterno era, ed è l'unico vero Dio, Elia lo fece. Ecco perché e come il profeta ricevette potere da Dio, ecco perché Elia rese manifesta tutta questa potenza divina ed ecco anche perchè per sempre Elia godrà di onore e gloria.

Enok camminò con Dio per 300 anni

Cosa dire di Enok? Come Elia anche Enok fu portato in cielo senza vedere la morte. Sebbene la Bibbia non parli molto di lui, abbiamo ragione di credere, che il suo cuore assomigliasse del tutto al cuore di Dio.

"Enok visse sessantacinque anni e generò Methuselah. Dopo aver generato Methuselah, Enok camminò con DIO trecento anni e generò figli e figlie. Così tutto il

tempo che Enok visse fu di trecentosessantacinque anni. Ora Enok camminò con DIO; poi non fu più trovato, perché DIO lo prese." (Genesi 5:21-24).

Enok cominciò a camminare con Dio all'età di 65 anni, era così bello alla vista di Dio perché Gli somigliava moltissimo, ed infatti, Egli comunicò intimamente con lui, e dopo 300 anni che camminavano assieme, se lo prese vivo per tenerselo vicino. La frase "camminò con Dio" sta ad indicare che Dio è con quella particolare persona in tutto ciò che fa, Dio fu in ogni luogo dove Enok andò per ben tre secoli.

Se tu dovessi fare un vacanza, chi porteresti con te? Di certo, il tuo viaggio sarà piacevole se lo fai con una persona che capisce i tuoi pensieri. Da ciò comprendiamo che Enok era uno con Dio e per questo poteva camminare con Lui.

Dio è l'essenza della luce, della bontà, dell'amore, per camminare con Lui non possiamo avere in noi tracce di oscurità, al contrario, l'amore e la bontà che abbiamo nel cuore dovranno essere traboccanti. Enok si conservò santo sebbene stesse vivendo in un mondo peccaminoso, e alle persone intorno a lui, consegnò la volontà di Dio (Giuda 1:14). La Bibbia non ci parla di azioni particolari che quest'uomo portò a termine o che abbia mai compiuto un dovere divino speciale. Enok temeva Dio dal profondo del suo cuore, fuggì il male e visse una vita talmente santificata che Dio scelse di camminare con lui, finché non se lo prese fisicamente per averlo vicino.

Ecco perchè Ebrei 11:5 dice: *"Per fede Enok fu trasferito in cielo perché non vedesse la morte, e non fu più trovato perché*

Dio lo aveva trasferito; prima infatti di essere portato via, egli ricevette la testimonianza che era piaciuto a Dio."

Abrahamo, l'amico di Dio

Vogliamo parlare del cuore di Abrahamo, che fu definito l'amico di Dio e considerato così in alto nei cieli?

Abrahamo ebbe sempre fede in Dio, e Gli obbedì in tutto, sempre. Quando partì dal suo paese nativo dietro comando di Dio, non conosceva neanche la destinazione, ma in obbedienza lasciò la città, nonché base economica. Inoltre, quando gli fu comandato di offrire suo figlio Isacco, generato alla veneranda età di 100 anni, Abrahamo immediatamente obbedì. Sapeva che Dio è buono ed onnipotente, e che, avrebbe potuto resuscitare suo figlio il morto.

Abrahamo era generoso, per nulla egoista, e lo dimostrò, quando le proprietà di suo nipote Lot divennero così grandi da non poter più condividere gli stessi accampamenti. Abrahamo lasciò Lot decidere per primo, e disse: *"Deh, non ci sia contesa fra me e te, né fra i miei pastori e i tuoi pastori, perché siamo fratelli. Non sta forse tutto il paese davanti a te? Separati da me! Se tu vai a sinistra, io andrò a destra; e se tu vai a destra, io andrò a sinistra."* (Genesi 13:8-9).

In un'altra occasione, dei re si unirono per invadere Sodoma e Gomorra, rubando tutti i beni e le provviste della città, ed anche quelle di suo nipote Lot che viveva a Sodoma. Allora Abrahamo prese 318 uomini, tutti nati ed addestrati presso la sua famiglia, cercò questi re malvagi e riportò a Sodoma i beni e le provviste che avevano rubato. Il re di Sodoma volle donare ad Abrahamo parte del bottino ripristinato come segno della sua gratitudine, ma il patriarca rifiutò, provando così che le sue benedizioni venivano solamente da Dio. Abrahamo obbedì in fede per la gloria di Dio con un cuore limpido e puro come il cristallo. Ecco perché Dio lo benedì abbondantemente su questa terra così come in cielo.

Mosè, leader dell'Esodo

Che tipo di cuore aveva Mosè, il leader dell'Esodo per essere stato classificato quarto nel cielo? Numeri 12:3 ci dicono, *"Ora l'uomo Mosè era molto umile, più di alcun uomo che era sulla faccia della terra."*

Nell'epistola di Giuda si parla di una scena in cui l'arcangelo Michele disputa con il diavolo a proposito del corpo di Mosè. Mosè aveva tutte le qualifiche per essere rapito in cielo senza vedere la morte, ma il diavolo sosteneva che, avendo ucciso un egiziano che stava colpendo un ebreo, quando era principe in Egitto, Mosè avrebbe dovuto conoscere la morte fisica. Mosè, noi lo sappiamo, in seguito si era liberato di tutti i suoi peccati e della malignità ed aveva di certo tutte le qualifiche per essere rapito in cielo da vivo.

In Matteo 17 si legge della trasfigurazione, di Mosè e di Elia che vennero giù da cielo per avere una conversazione con Gesù. Da questi fatti, quindi, deduciamo quello che accadde al corpo di Mosè.

Mosè dovette fuggire dal palazzo del faraone a causa

dell'omicidio che aveva commesso e per i seguenti 40 anni fece il pastore di pecore nel deserto. Qui l'orgoglio di Mosè, i suoi desideri, il suo personale senso di giustizia, furono demoliti, non era più il principe a palazzo del faraone. Solo dopo tutto questo, Dio gli assegnò il compito di portare gli israeliti fuori dall'Egitto.

Lo stesso Mosè che aveva ucciso una persona ed era fuggito, ritornò dal Faraone d'Egitto per liberare gli israeliti che qui erano schiavi da 400 anni. Tutta questa storia può sembrare impossibile alla mente umana, ma Mosè obbedì a Dio ed si recò di fronte al Faraone. Liberare diversi milioni di israeliti dall'Egitto e condurli nella terra di Canaan, era un compito che non poteva essere affidato a chiunque. Ecco perché Dio raffinò Mosè nel deserto per 40 anni, rendendolo un grande vaso capace di abbracciare e fronteggiare tutti, israeliti inclusi. Mosè divenne un uomo obbediente, fino alla morte, se fosse stato necessario, e, attraverso molte prove, compì il suo dovere e condusse gli Israeliti fuori dall'Egitto. Mosè è stato un grandissimo uomo, e questo lo si può leggere nella Bibbia.

> *"Mosè dunque ritornò dall'Eterno e disse: «Ahimè, questo popolo ha commesso un grande peccato e si è fatto un dio d'oro. Ciò nonostante ora, ti prego, perdona il loro peccato; se no deh, cancellami dal tuo libro che hai scritto!»." (Esodo 32:31-32).*

Mosé sapeva bene che se il suo nome fosse stato cancellato dal libro della vita, non sarebbe solo morto fisicamente, era a conoscenza del fatto che gli uomini i cui nomi non sono scritti nel Libro della Vita sono gettati nel fuoco dell'inferno — la morte eterna — e soffriranno per sempre, eppure sarebbe stato disposto a subire la morte eterna per il perdono dei peccati del popolo.

Cosa pensate che Dio deve aver provato nel vedere un uomo come Mosè? Egli si compiacque grandemente di lui, anche perché il patriarca aveva compreso il cuore di Dio, che odia il peccato ma ama i peccatori, ed infatti, l'Eterno rispose alla preghiera di Mosè. Dio considerò Mosè da solo più prezioso dell'intero popolo d'Israele, perché il suo cuore era giusto e integro, puro come l'acqua che sgorga dal suo trono.

Se da un lato avete un diamante puro più grande di una biglia, e dall'altro centinaia di pietre grandi come palline da tennis, cosa scegliereste? Quale considerereste più prezioso? Nessuno scambierebbe un diamante per delle comunissime pietre.

Il valore di Mosè da solo era di gran lunga più alto di quello dell'intero popolo. Ecco perchè anche noi vogliamo un cuore puro e limpido come il cristallo.

Paolo, l'apostolo dei Gentili

Il quinto nella fila dei cieli è l'apostolo Paolo che dedicò la sua vita all'evangelizzazione dei Gentili. L'apostolo è stato fedele al regno di Dio fino alla morte, con grande passione, ma in un punto remoto della sua mente si è sempre sentito mancante per aver perseguitato i credenti di Gesù Cristo prima di accettare il Signore. Ecco perché dichiarò in 1 Corinzi 15:9: *"Io infatti sono il minimo degli apostoli e non sono neppure degno di essere*

chiamato apostolo, perché ho perseguitato la chiesa di Dio."
Paolo, però, diventò un vaso utile, e Dio lo scelse, lo raffinò, e
l'usò come apostolo per i Gentili. 2 Corinzi 11 dal verso 23 in
poi spiega in dettaglio i dolori che Paolo sopportò a motivo della
predicazione del vangelo, fatiche immani, al limite dell'esistenza.
Fu staffilato e imprigionato molte volte, cinque volte ricevette
dagli ebrei le quaranta frustate meno uno, tre volte fu colpito con
la verga, una volta fu lapidato, per ben tre volte naufragò, passò
una notte ed un giorno in mare aperto, molto spesso fu privato
del sonno, conobbe la fame e la sete, ebbe freddo e fu denudato
(2 Corinzi 11:23-27). L'apostolo soffrì al punto di dichiarare
in 1 Corinzi 4:9: *"Perché io ritengo che Dio ha designato
noi apostoli come gli ultimi di tutti, come uomini condannati
a morte, poiché siamo stati fatti un pubblico spettacolo al
mondo, agli angeli e agli uomini."* Perché Dio non allontanò
le tante fatiche e le tante persecuzioni da un uomo che Gli
aveva promesso fedeltà fino alla morte? Lo avrebbe potuto fare,
certo, ma Egli sapeva che dopo aver sopportato queste cose, il
cuore di Paolo sarebbe stato limpido e pulito come il cristallo.
Paolo scelse, in ogni caso, di ricevere conforto solamente da
Dio, abnegando la sua stessa vita per prendere la forma perfetta
di Cristo. Ecco perchè dichiarò in 2 Corinzi 11:28: *"Oltre a
queste cose esterne, ciò che mi assilla quotidianamente, è la
sollecitudine per tutte le chiese."* E poi, in Romani 9:3: *"Infatti
desidererei essere io stesso anatema e separato da Cristo per i
miei fratelli, miei parenti secondo la carne..."*. Paolo, un uomo
dal cuore simile a quello di Dio, non soltanto può vivere nella
Nuova Gerusalemme, ma anche stare vicino al trono di Dio.

Donne meravigliose davanti a Dio

Abbiamo dato un'occhiata al primo banchetto della Nuova Gerusalemme e, quando Dio il Padre entra nella sala, dietro di Lui c'è una donna, vestita con un abito bianco lungo fino ai piedi e decorato con ogni gioiello immaginabile. La donna è Maria Maddalena. Considerate le circostanze del tempo in cui Maria visse, dove i ruoli pubblici delle donne erano limitati, lei non potè fare molto per l'avanzamento del regno di Dio, ma a motivo della sua bellezza agli occhi del Signore, le è consentito entrare nel luogo più alto dei cieli.

Proprio come c'è un ordine per i profeti, innalzati a seconda di quanto il loro cuore è simile al cuore di Dio, anche le donne in cielo seguono un ordine che le eleva in proporzione all'amore e alla devozione che hanno avuto verso il Signore.

Chi sono queste donne?

Maria Maddalena, la prima ad incontrare Gesù risorto

La donna più amata da Dio è Maria Maddalena. Per molto tempo legata dal potere delle tenebre, questa donna fu oggetto di grande disprezzo e patì varie malattie. Un giorno, difficile come altri, sentì che Gesù era nella sua città, allora preparò un profumo costoso e si presentò da Lui, proprio nella casa di un fariseo che Gesù era andato a visitare. Giunta sul posto, non ebbe il coraggio di presentarsi davanti a Lui, sebbene per molto tempo aveva desiderato incontrare il Signore, allora entrò dal retro, vide Gesù, gli si inginocchiò davanti, infradiciò i Suoi piedi con le sue lacrime, li asciugò coi suoi capelli, ruppe il vaso di profumo costoso che aveva portato e lo riversò interamente sui piedi del Signore. A motivo di quest'atto di fede, guarì da ogni malattia, e questo produsse in lei una gratitudine infinita, tanto che da quel momento in poi, amò Gesù immensamente e lo seguì ovunque, Gli offrì completamente la vita, fino al momento in cui Lui fu crocefisso, fino al Suo ultimo respiro (Luca 8:1-3).

Maria Maddalena agì ben oltre il livello normale di gratitudine, per la grazia che aveva ricevuto, infatti, seguì Gesù in ogni dove e Gli dedicò l'intera sua esistenza.

Questa donna amò così tanto il Signore che fu la prima persona ad incontrare Gesù dopo la risurrezione, motivo per cui possiamo considerare Maria Maddalena la più grande donna della storia dell'umanità.

Maria la vergine, benedetta dal concepimento di Gesù

L'altra donna più amata da Dio è Maria la vergine, benedetta a tal punto da poter per concepire Gesù il Redentore dell'umanità. All'incirca 2,000 anni fa, Gesù doveva entrare nel mondo in carne ed ossa per riscattare tutti gli uomini dai loro peccati, e perchè questo potesse adempiersi, c'era bisogno di una donna adatta agli occhi di Dio. Fu scelta una donna chiamata Maria, al tempo fidanzata con un certo Giuseppe. Dio le fece sapere in anticipo, attraverso l'arcangelo Gabriele, che avrebbe concepito Gesù per mezzo dello Spirito Santo. Maria confessò audacemente la sua fede a dispetto di ogni possibile pensiero umano: *"Allora Maria disse: «Ecco la serva del Signore; mi sia fatto secondo la tua parola». E l'angelo si allontanò da lei."* (Luca 1:26-38).

In quel tempo, se una vergine era trovata incinta, non solo doveva essere maledetta pubblicamente, ma anche, pubblicamente, lapidata a morte, secondo la Legge di Mosè. In ogni caso, Maria credeva profondamente nel cuore che nulla era impossibile con Dio e si rimise alla sua volontà, avendo un cuore pronto a rispettare la Parola, anche se questo le sarebbe costato la vita. Immaginate la felicità e la gratitudine di questa giovane donna nel partorire Gesù e nel vederlo crescere secondo il potere di Dio! Che benedizione incredibile per Maria, una mera creatura.

A motivo di tutto questo, perchè servì e amò Gesù più della sua stessa vita, Maria la madre di Gesù, è stata benedetta abbondantemente da Dio il quale l'ha ricevuta nella sua gloria eterna, insieme a Maria Maddalena, tra tutte le donne dei cieli.

Ester, la donna senza paura nell'adempimento della volontà di Dio

Ester, la donna che salvò coraggiosamente la sua gente con fede ed amore, è tra coloro che Dio preferisce, ed occupa una tra le posizioni più onorevoli dei cieli.

Dopo che la regina Vasti fu deposta a motivo della sua disobbedienza, al tempo del re di Persia, Assuero, Ester fu scelta fra molte donne bellissime come nuova regnante, nonostante fosse ebrea. Ester piacque molto al re, e tutta la corte, perché non si presentò arrogante ed altezzosa, ma si decorò di purezza ed eleganza sebbene fosse molto bella.

Durante il suo periodo da regina, gli ebrei incontrarono una grande crisi. Haman, l'Agaghita, un dei consiglieri preferiti dal re, fu irritato da un ebreo di nome Mardoccheo che si rifiutò di inginocchiarsi di fronte a lui e di offrirgli rispetto ed onore. Preso da incredibile ira a motivo di quest'episodio, Haman tramò per distruggere tutti gli ebrei della Persia, e, con l'inganno, ricevette l'approvazione del re.

Ester, dopo aver digiunato per tre giorni, decise di presentarsi di fronte al re (Ester 4:16). Secondo la legge della Persia di quel tempo, chiunque avesse avuto la sfacciataggine di mostrarsi davanti il re senza essere stato interpellato, doveva essere messo a morte, con una sola eccezione, se il re alzava il suo scettro d'oro verso quella persona, la vita le poteva essere risparmiata. Dopo tre giorni di digiuno, Ester, forte del suo Dio, decise di presentarsi dal re e pensò: "Se muoio, muoio." Come risultato dell'intervento divino, Haman che aveva cospirato contro gli ebrei, fu ucciso, ed Ester, non solo salvò la sua gente ma fu grandemente amata dal re.

Ecco perchè anche Ester risiede in una posizione gloriosa nei cieli, perché è stata forte e coraggiosa nella verità, pronta ad abbandonare la sua stessa vita nel seguire la volontà di Dio.

Ruth una donna dal cuore buono e meraviglioso

Avviciniamoci adesso alla vita di Ruth, un'altra fra le donne magnifiche ammesse alla presenza di Dio, una delle grandi donne del regno dei cieli, studiamone il cuore e le azioni, di certo devono essere stati speciali per raccogliere tutto il favore e la benedizione di Dio.

Ruth, la Moabita, sposò un israelita la cui famiglia si era trasferita a Moab a motivo di una carestia. Suo marito morì precocemente, come tutti gli altri uomini nella sua famiglia, e lei si ritrovò a vivere con la suocera Naomi e sua cognata Orpah. La suocera, sinceramente preoccupata del futuro delle nuore, suggerì loro di ritornare alle proprie famiglie e rifarsi una vita. Orpah, in lacrime, si convinse e lasciò Naomi (anch'essa molto triste), ma Ruth decise di rimanere, pronunciando la seguente famosa ed emozionante dichiarazione:

> *"Non insistere con me perché ti abbandoni e lasci di seguirti, perché dove andrai tu andrò anch'io, e dove starai tu io pure starò, il tuo popolo sarà il mio popolo, e il tuo DIO sarà il mio DIO dove morirai tu morirò anch'io, e là sarò sepolta. Così mi faccia l'Eterno e anche peggio, se altra cosa che la morte mi separerà da te!".*

A motivo del suo buon cuore, Ruth non pensò al proprio beneficio, ma cercò di comportarsi secondo bontà, anche se questo le avrebbe potuto provocare dei dolori. Sentì che rimanere fedele a sua suocera era il suo dovere, e lo fece con felicità.

Quello che Ruth scelse di fare, di non lasciare sola sua suocera, era così encomiabile che l'intero villaggio lo venne a sapere, provando affetto e simpatia per questa ragazza di Moab. In seguito, e con l'aiuto di sua suocera, Ruth si sposò di nuovo, con un uomo chiamato Boaz, un parente-redentore, partorì un figlio e divenne la bisnonna del Re Davide (Ruth 4:13-17). Ruth fu benedetta perchè appartiene alla genealogia di Gesù pur essendo una gentile (Matteo 1:5-6), oltre che, con Ester, essere tra le donne favorite da Dio nel regno dei cieli.

Maria Maddalena vicino al trono di Dio

Forse, a questo punto, vi starete domandando quali siano i motivi per cui Dio mi ha mostrato il primo banchetto della Nuova Gerusalemme, l'ordine dei profeti e delle donne, e perchè io dovessi rivelare queste cose. L'Iddio di amore non solo vuole che tutti ricevano la salvezza e giungano nel regno dei cieli, ma anche che il cuore di ognuno assomigli al Suo cuore, per poter stare vicino al Suo trono e vivere nella Nuova Gerusalemme.

Per ricevere l'onore di rimanere vicino al trono di Dio, il nostro cuore dovrà essere quanto più possibile come il Suo, che è limpido e meraviglioso come il cristallo, rispecchiando lo splendore delle dodici fondamenta delle mura della Città Santa.

Ora studieremo la vita di Maria Maddalena, che ora serve il Padre e vive vicino al suo trono. Mentre pregavo durante la stesura del libro "Studi sul Vangelo di Giovanni", attraverso l'inspirazione dello Spirito Santo, Dio mi ha rivelato molti dettagli della vita di Maria Maddalena: in che genere di famiglia nacque, come visse, la sua felicità dopo l'incontro con Gesù il nostro Redentore. Spero che nel leggere della sua vita, del suo bel cuore, della sua attitudine di completo abbandono per il Signore, possiate prendere esempio per avere anche voi l'onore di vivere per sempre vicino al Suo trono.

Maria Maddalena nacque in una famiglia di adoratori di idoli

Si chiamava "Maria Maddalena" perché era nata a Magdala, un villaggio di adoratori di idoli. La sua famiglia non faceva eccezione, su di essa vigeva una maledizione, protratta per molte generazioni proprio a causa del massiccio ricorso al paganesimo

Maria Maddalena nacque in un contesto spirituale che peggiore non si poteva immaginare, e a causa di ciò, sin da subito sviluppò dei disturbi gastroenterici che le impedivano di mangiare in modo corretto. Questo la rese fisicamente molto debole, ed il suo corpo divenne vulnerabile, ammalandosi con ogni genere di patologie. Anche il ciclo si fermò ad una giovane età, facendole perdere questa importante funzione femminile. Con il tempo divenne invisibile, costantemente a capo chino, disdegnata e trattata freddamente dai membri della sua famiglia, soprusi che accusava senza mai lamentarsi o insorgere, addossandosi le colpe di tutto. Allorché comprese che non aveva nulla da offrire ma che, al contrario, sarebbe stata solo un peso, lasciò la sua famiglia, ma non mossa da odio o da disprezzo per il loro trattamento, solo perchè non voleva più rappresentare una zavorra, un carico inutile.

Faceva del proprio meglio, prendendosi ogni colpa

Ad un certo punto Maria incontra un uomo e pensa,

finalmente, di aver trovato qualcuno su cui contare. Purtroppo il cuore di costui era malvagio, non sostentava la famiglia, giocava d'azzardo e impose a Maria di portargli più soldi, con grida e spesso, anche con botte.

Maria cominciò a fare dei lavori a maglia nel tentativo di rendere il loro reddito più stabile, malgrado fosse così debole da non potersi quasi più muovere. L'uomo che sarebbe dovuto starle accanto, oltre ad essere un ingrato la trascurava e a volte la insultava, ma Maria non lo odiava, era solo triste per non poter essere un aiuto maggiore a causa del suo corpo debole. Considerava i suoi maltrattamenti, tutto sommato, ragionevoli e motivati.

In questa situazione disperata, abbandonata dai suoi genitori, dimenticata dai suoi fratelli, sfruttata e maltrattata dall'uomo che avrebbe dovuto starle accanto, Maria viene a conoscenza di una notizia meravigliosa. Sente di un Gesù che compie miracoli meravigliosi, che guarisce i ciechi e fa parlare i muti. Nell'udire tutte queste cose, Maria Maddalena non ebbe un solo dubbio sui miracoli compiuti da Gesù, proprio a motivo del suo cuore buono. Non solo, era certa che sarebbe guarita dalla sua acuta cagionevolezza e da tutte le sue altre malattie incontrando Gesù, anche solo per una volta.

Desiderava vedere il Signore, aveva una fede certa e, finalmente, un giorno qualcuno le disse che Gesù era arrivato nel suo villaggio e stava per recarsi nella casa di un fariseo chiamato Simone.

Profumo prezioso e fede

Maria Maddalena era così felice che comprò un profumo prezioso con i pochi soldi che aveva messo da parte con il lavoro a maglia. Quello che questa donna ha dovuto superare nelle sue emozioni prima dell'incontro con Gesù non può essere descritto adeguatamente.

Mentre tentò di avvicinarsi al Signore, diverse persone cercarono di fermarla a causa dei suoi vestiti stracciati, ma nessuno avrebbe potuto trattenere la sua passione, e, nonostante le occhiate disprezzanti di tutti i presenti, Maria Maddalena si diresse verso Gesù, iniziando a piangere copiosamente non appena scorse la Sua figura gentile.

Non osava stare in piedi di fronte al Signore, così si mise dietro, ai suoi piedi, e versò lacrime sopra lacrime finché i piedi di Gesù non furono fradici, li asciugò con i suoi capelli, ruppe il vaso versando il profumo prezioso interamente su Gesù.

A motivo dell'estrema serietà con cui Maria si avvicinò al Signore, non solo fu perdonata dei suoi peccati e giunse alla salvezza, ma fu anche miracolosamente guarita da tutte le sue malattie, sia quelle interne che quelle della pelle. Ogni parte del suo corpo iniziò a funzionare normalmente, anche il ciclo di donna. Il suo viso, sfiancato ed irriconoscibile a motivo delle tante malattie, ora esprimeva ogni gioia e felicità. Il suo corpo, dopo anni di estrema debolezza, era finalmente sano, ritrovò il suo valore come essere umano e come donna, finalmente libera dal potere delle tenebre.

Seguì Gesù fino alla fine

Quello che Maria Maddalena sperimentò andava ben oltre la guarigione fisica. Aveva finalmente qualcuno che la amava di un amore immenso, amore che non aveva mai ricevuto prima da nessun altro. Ecco perchè, dopo aver incontrato il Signore, Maria dedicò tutto il suo tempo e la sua forza per Gesù, con immensa gioia e profonda gratitudine. La sua salute era stata ripristinata, pertanto poteva sostenere finanziariamente Gesù con i suoi lavori a maglia, o in altro modo, ma soprattutto, poteva anche seguirlo ovunque Egli andasse.

Questa santa donna non seguì Gesù soltanto nel suo periodo di estrema popolarità, quando faceva segni, miracoli e guarigioni, fu con Lui anche quando lo presero i soldati romani. Nonostante il fatto che la sua presenza ai piedi della croce, anche se avrebbe potuto costarle la vita. Maria Maddalena salì al Golgotha, seguendo il Signore che portava la croce.

Mi domando cosa doveva provare questa donna nel vedere il suo amato Gesù, soffrire così, patire fino a spargere sangue e acqua. Forse qualcosa del genere:

Signore, cosa farò,
cosa farò?
Signore, come posso vivere?
Come potrò vivere senza Te, Dio mio?

Se potessi raccogliere il sangue che
Tu versi,

Se potessi prendere il dolore che
Tu stai soffrendo.

Signore,
Io non posso vivere senza Te.
Io non posso vivere
a meno che io non sia con Te.

Maria Maddalena non staccò i suoi occhi da Gesù finché Lui non esalò l'ultimo respiro, aveva impresso nel suo cuore la luce degli occhi del Signore, lo splendore del suo volto morente ripieno di amore. Gesù morì, e lei seguì Giuseppe di Arimatea fino alla tomba dove fu deposto il corpo del Signore.

All'alba testimoniò del Signore risorto

Maria Maddalena aspettò che il sabato finisse, e all'alba del primo giorno dopo il sabato, si recò alla tomba per spargere del profumo sul corpo di Gesù, ma, una volta arrivata non trovò il suo corpo. Ne fu rattristata profondamente e pianse, ed in quel momento, il Signore risorto le apparve. Che grande onore, incontrare lei il Signore risorto, prima di chiunque altro.

Dopo che aver visto Gesù morire sulla croce, non poteva quasi credere che fosse successo. Gesù per lei era tutto, lo amava profondamente, e, che felicità indescrivibile deve aver provato nell'incontrare il Signore risorto dopo una morte così atroce! Maria non poteva fermare le lacrime, l'emozione era troppo forte. Da subito non lo aveva riconosciuto, finché Lui non l'aveva chiamata per nome "Maria". Era la sua voce gentile, Maria l'avrebbe individuata ovunque. In Giovanni 20:17, il Signore risorto le dice: *"Non toccarmi, perché non sono ancora salito al Padre mio; ma va' dai miei fratelli e di' loro che io salgo al Padre mio e Padre vostro, al Dio mio e Dio vostro."* Proprio a motivo del grande amore che il Signore aveva per Maria Maddalena, Egli si mostrò a lei prima che di incontrare il Padre dopo la risurrezione.

Consegnare la notizia della resurrezione di Gesù

Puoi immaginare la felicità incontrollabile di Maria Maddalena dopo aver incontrato Gesù risorto? Deve avergli confessato di voler restare con Lui per sempre, ed Egli, che conosceva il suo cuore, le spiegò che ciò non era possibile perchè adesso lei aveva una missione: doveva consegnare la notizia della sua resurrezione ai discepoli per confortarli e rinfrancare le loro menti affrante dopo averlo visto morire sulla croce.

In Giovanni 20:18 leggiamo che *"Allora Maria Maddalena andò ad annunziare ai discepoli che aveva visto il Signore, e che lui le aveva detto queste cose."* Il fatto che Maria Maddalena fu la prima testimone del Signore risorto, lei prima di chiunque altro, e, che fu lei a dirlo ai discepoli non fu davvero una coincidenza. Era il risultato della sua devozione infinita, del suo servizio appassionato e del suo amore verso di Lui.

Se Pilato avesse chiesto a qualcuno di essere crocifisso al posto di Gesù, sono abbastanza certo che lei sarebbe stata la prima a farsi avanti e a rispondere: "Sì!"; Maria Maddalena amò Gesù più della sua propria vita e lo servì con devozione completa.

L'onore di servire Dio il Padre

Dio si è compiaciuto grandemente di Maria Maddalena, del suo cuore buono e privo di malignità, del suo amore spirituale, completo ed immutabile verso Gesù. Dio il Padre, nel ricevere il suo cuore meraviglioso, ha voluto mettersela vicino, proprio per sentire per sempre il profumo emanato dal cuore di questa donna. Ecco perché, quando il tempo verrà, il Padre permetterà a Maria Maddalena di giungere presso la sua gloria, di servire Lui e toccare anche il Suo trono.

Quello che Dio il Padre desidera è di guadagnarsi dei veri figli con cui poter condividere il Suo vero amore, per sempre. Ecco perché ha progettato la coltura umana, ha preso la forma della Trinità, e aspetta da molto, molto, molto tempo di vivere con i figli che si è guadagnato sulla terra.

Quando ogni dimora del cielo sarà pronta, il Signore apparirà nell'aria, terrà il suo banchetto di nozze in compagnia della Sua sposa, ed insieme a lei dominerà sulla terra per mille anni alla fine dei quali condurrà ognuno nella sua dimora celeste. Noi vivremo con Dio, la Trinità, nella massima felicità e nella gioia del cielo, che è limpido, puro e meraviglioso come il cristallo, per sempre, immersi nella gloria di Dio. Che felicità per quelli che vivranno per sempre nella Nuova Gerusalemme poter incontrare Dio faccia a faccia e stare con Lui per sempre!

Duemila anni fa, Gesù chiese, *"Quando il Figlio dell'Uomo tornerà, troverà Egli la fede sulla terra?."* (Luca 18:8). Egli sapeva che oggi è veramente difficile trovare la vera fede.

L'apostolo Paolo, nel compimento della sua missione di predicare il vangelo ai gentili, scrisse una lettera poco prima della sua morte, la scrisse a Timoteo, suo figlio spirituale, che stava soffrendo a causa di divisioni e persecuzioni dei cristiani:

"Ti scongiuro dunque davanti a Dio e al Signore Gesù Cristo, che ha da giudicare i vivi e i morti, nella sua apparizione e nel suo regno: predica la parola, insisti a tempo e fuor di tempo, riprendi, rimprovera, esorta con ogni pazienza e dottrina. Verrà il tempo, infatti, in cui non sopporteranno la sana dottrina ma, per prurito di udire, si accumuleranno maestri secondo le loro proprie voglie e distoglieranno le orecchie dalla verità per rivolgersi alle favole. Ma tu sii vigilante in ogni cosa, sopporta le sofferenze, fa' l'opera di evangelista e adempi interamente il tuo ministero. Quanto a me, sto per essere offerto in libagione, e il tempo della mia dipartita è vicino. Ho combattuto il buon combattimento, ho finito la corsa, ho serbato la fede. Per il resto, mi è riservata la corona di giustizia che il Signore, il giusto giudice, mi assegnerà in quel giorno, e non solo a me, ma anche a tutti quelli che hanno amato la sua apparizione." (2 Timoteo 4:1-8).

Se la vostra speranza è il cielo, se non vedete l'ora che il

Signore appaia nell'aria, allora vi esorto, vivete secondo la Parola di Dio, combattete il buon combattimento, come Paolo l'apostolo, che era sempre allegro nonostante le persecuzioni.

Rendiamo il nostro cuore santo, santifichiamoci compiendo ciò a cui siamo stati chiamati, così che Dio si compiaccia di noi e che con Lui potremmo condividere il Suo vero amore stando vicino al Suo trono per sempre.

> *"Mio Signore,*
> *che stai per tornare su nubi di gloria,*
> *Non vedo l'ora che arrivi il giorno*
> *in cui Tu mi abbraccerai!*
> *Vicino il Tuo trono glorioso,*
> *per sempre, condivideremo l'amore*
> *che non abbiamo potuto condividere sulla terra,*
> *e ricordare insieme a Te il passato.*
> *Oh! di certo io entrerò nel regno dei cieli danzando,*
> *quando il mio Dio mi chiamerà!"*

Note sull'autore
Dott. Jaerock Lee

Il Dott. Lee è nato nel 1943, a Muan, in provincia di Jeonnam, nella Repubblica della Corea. Intorno ai vent'anni iniziò a soffrire di varie malattie incurabili. Dopo sette anni di sofferenza e senza alcuna speranza di guarigione, non gli restava che aspettare la morte. Un giorno, nella primavera del 1974, fu condotto in una chiesa da sua sorella e come si inginocchiò per pregare, l'Iddio vivente lo guarì immediatamente da tutte le sue malattie.

Dall'istante in cui ha incontrato l'Iddio vivente attraverso quell'esperienza meravigliosa, lo ha amato con tutto il suo cuore e tutta la sincerità di cui era capace. Nel 1978 fu chiamato ad essere un servitore di Dio. Seguì un periodo di preghiera profonda in modo da comprendere e compiere chiaramente la Sua volontà. Nel 1982, ha fondato la Chiesa Centrale del Ministerio Manmin in Seoul, Sud Corea e compiuto innumerevoli opere per mano di Dio, incluse guarigioni miracolose e molti miracoli.

Nel 1986, Il Dott. Lee è stato ordinato pastore durante la Riunione Annuale della Jesus' Sungkyul Church of Korea, e quattro anni più tardi nel 1990, i suoi sermoni cominciarono ad essere trasmessi in onda dalla Far East Broadcasting Company, dalla Asia Broadcast Station, and the Washington Christian Radio System fino in Australia, Russia, Filippine e molte altre nazioni.

Tre anni più tardi nel 1993, la Manmin Central Church è stata nominata tra le «50 Chiese più grandi del mondo» dal periodico cristiano *Christian World Magazine*» (Stati Uniti). Inoltre, il Dott. Lee ha ricevuto un Dottorato Onorario presso l'università cristiana, «Christian Faith College»,

Florida, Stati Uniti e nel 1996 un Dottorato Ministeriale presso l'università teologica «Kingsway Theological Seminary», Iowa, Stati Uniti.

Dal 1993 il Dott. Lee ha intrapreso la direzione di una visione missionaria mondiale esplicitandola attraverso crociate all'estero, di cui alcune svoltesi a Los Angeles, Baltimora, New York (Stati Uniti), Tanzania, Argentina, Uganda, Giappone, Pakistan, Kenia, la Filippine, Honduras, India, Russia, Germania, Perù, nella Repubblica Democratica del Congo, Israele e Estonia. Nel 2002 molte riviste e giornali cristiani in Corea lo hanno definito «pastore mondiale» in riferimento al suo lavoro missionario all'estero.

Ad oggi, agosto 2014, la Chiesa Manmin Centrale è una congregazione che conta oltre 120.000 membri e 10.000 chiese affiliate, nazionali ed estere, ha commissionato più di 123 missionari in 23 paesi, inclusi Stati Uniti, Russia, Germania Canada, Giappone Cina, Francia India, Kenia ed altri.

Fino a questo momento Il Dott. Lee ha scritto 93 libri, inclusi i best-seller: *Gustare la Vita Eterna prima della Morte, La Mia Vita, La Mia Fede, Il Messaggio della Croce, La Misura della Fede, Cielo I e II, Inferno,* e *La potenza di Dio,* tradotti in più di 76 lingue.

Il Dott. Lee è attualmente fondatore e presidente di un notevole numero di organizzazioni missionarie, oltre ad essere il presidente della chiesa «United Holiness Church of Jesus Christ», delle missioni mondiali Manmin, del «GCN», network coreano di televisioni cristiane, del «WCDN» il primo network mondiale di medici e dottori cristiani e del «MIS» il seminario internazionale del ministerio Manmin.

Il Cielo I:
Luminoso e Meraviglioso come il Cristallo

Uno schema dettagliato dell'ambiente meraviglioso che i cittadini del cielo godranno immersi nella gloria di Dio

Il Messaggio della Croce

Un messaggio potente e rinvigorente per tutti quelli che sono spiritualmente sonnecchianti. In queste pagine troverete l'amore vero di Dio e le ragioni per cui Gesù è l'unico Salvatore

Inferno

Un messaggio serio a tutta l'umanità, da Dio in persona, il quale desidera che nemmeno un'anima perisca e cada nelle profondità dell'inferno! Scoprirete la realtà crudele dell'Hades e dell'inferno come nessuno ve l'ha mai raccontata prima.

Gustare la Vita Eterna Prima della Morte

La testimonianza tratta dalle memorie personali del Reverendo Dr. Jaerock Lee, che, nato di nuovo, è stato salvato dalla valle della morte per poi vivere una vita cristiana esemplare

La Misura della Fede

Quale regno, quale corona e quale ricompensa sono state preparate per voi in cielo? Questo libro provvede, con sapienza e rivelazione, una guida alla comprensione del concetto di "misura di fede" per maturare nella tua fede